KB149100

"취해서 쓰고, 깨어나서 수정하라!"

· 어니스트 헤밍웨이(Ernest Hemingway) ·

2단계 글쓰기

메모 아이디어 낙서

2단계

✪ 생각을 만들고 글로 옮긴다 ✪

글쓰기

박종하 지음

모루

*** 본문 그림 자료 출처

- 37쪽 상단 좌측 그림 / 마크 로스코(Mark Rothko), Untitled(Red on Red), 1969(www.artsy.net/article/
  artsy-editorial-ai-predict-mark-rothko-paintings-auction-prices)

- 37쪽 상단 우측 그림 / 노먼 록웰(Norman Rockwell), The Runaway, 1958 (www.nrm.org/thinglink/
  text/Runaway.html * photos for The Runaway, photographer unknown, 1958)

- 121쪽 상단 그림 / 레오나르도 다빈치(Leonardo da Vinci), Codex Leicester, 1504~1508(ko.wikipedia.
  org/wiki/%EC%BD%94%EB%8D%B1%EC%8A%A4_%EB%A0%88%EC%8A%A4%ED%84
  %B0#/media/%ED%8C%8C%EC%9D%BC:Vinci_-_Hammer_2A.jpg)

- 129쪽 하단 그림 / 와일더 펜필드(Wilder Penfield), homunculus(commons.wikimedia.org/wiki/
  File:Front_of_Sensory_Homunculus.gif)

- 152쪽 하단 우측 / OREO Template(oakdome.com/k5/lesson-plans/iPad-lessons/ipad-common-
  core-graphic-organizer-oreo-opinion-writing.php)

생각을 확장해 글로 옮기는 2단계 글쓰기

"멋진 글을 쓰고 싶다!"

"감동적인 글을 쓰고 싶다!"

"보고서나 기획서를 잘 쓰고 싶다!"

누구나 이런 희망을 갖고 있습니다. 글을 잘 쓰고 싶은 마음에 이런저런 책도 읽어보고, 글쓰기 교실에도 나가보지만 결과는 신통찮습니다. 대부분 '이런 게 좋은 글이다', '이런 마음으로 글을 써야 한다' 등의 교양적인 내용 일색입니다. 그래서 저는 실생활에서 누구나 쉽게 따라해볼 수 있는 글쓰기 책을 써보기로 했습니다. 글 몇 줄 쓰기도 전에 한숨부터 나오는 분들과 저의 글쓰기 경험을 공유하고 싶습니다. 책상에 앉자마자 '어떻게 글을 써야 할지 막막한 분들'과 '직장에서 요구하는 보고서나 기획서 양식을 어떻게 채워야 좋을지 고민하는 분들'도 제 이야기가 도움이 될 거라고 생각합니다.

저는 창의력과 아이디어 만들기에 관한 글을 쓰고 강의를 하고 있습니다. 그러다가 문득, 아이디어 만들기와 글쓰기가 서로 비슷하다는 걸 알았습니다. 경영 컨설턴트들이 좋은 아이디어를 만들 때 사용하는 방법이 있는데, 이를 글쓰기에 적용하면 도움이 될 거라고 생각합니다. 아이디어 만들기와 글쓰기가 서로 닮은 구석이 많기 때문에 가능한 일이죠. 아이디어 만들기와 글쓰기의 공통점 3가지를 꼽아보면 다음과 같습니다.

① 둘 다 손이나 머리가 하는 일이라고 생각하지만, 사실 '둘 다 엉덩이로 하는 일'입니다. 노동집약적인 일이죠. 이를 잘 보여주는 말이 '유레카(Eureka)'와 '일필휘지(一筆揮之)'입니다. 사람들이 창의성을 말할 때 가장 먼저 지적하는 것이 '유레카는 없다'입니다. 우리는 뭔가 번득이는 생각이 머릿속에 '짠~' 하고 떠오를 거라고 믿습니다. 평범한 사람과 차원이 다른 몇몇 천재들만 '아하! 이거였군!'이라고 할 만한 아이디어를 얻는다고 생각하기 쉽죠. 이 말은 진실일까요? 아닙니다! 아이디어는 오랜 생각의 결과, '생각의 노동'으로 얻습니다. 아무리 천재일지라도 기발한 아이디어를 순식간에 '뚝딱' 만들지는 못합니다. 오랫동안 고민하고 주변의 많은 사람과 대화하면서 좋은 생각이 떠오르는 겁니다.

글쓰기도 그렇습니다. 멋진 글은 이렇게도 쓰고 저렇게도 써본 글들이 쌓여 만들어집니다. '글은 엉덩이로 쓰는 일'이라는 말도 있잖습니까! 위대한 작가를 빗댄 이야기 중 하나가 '일필휘지'라는 말입니다. 누구나 단숨에 글을 써내려 갈 수 있는 능력을 갖추었다면 얼마나 좋겠습니까만, 그런 이야기는 다 '뻥'입니다! 여러분의 책꽂이에 꽂힌 대부분의 베스트셀러도 분명 오랜 시간 고쳐 쓰기와 수정을 거치며 만들어졌을 겁니다. '일필휘지'란 작가를 천재로 만들고 신비로운 사람인 것처럼 포장해 유명세를 높이려고 과장한 이야기에 불과합니다. 우리 현실에서 일필휘지란 없으며, 한 번 쓴 글을 고치고 계속 수정하는 글쓰기가 일반적입니다. 좋은 글은 고치고 또다시 수정하면서 만들어집니다.

NO 유레카! NO 일필휘지!

② 글쓰기와 아이디어 만들기의 두 번째 공통점은 '질보다 양이 중요하다'는 점입니다. 좋은 아이디어를 만들려면 양적으로 많은 아이디어가 있어야 합니다. 질적으로 좋은 아이디어 하나를 찾기보다 양적으로 많은 아이디어 가운데 괜찮은 아이디어가 있을 확률이 더 높죠. '양적 팽창이 질적 차이와 변화'를 만듭니다. 글쓰기도 그렇습니다. 처음부터 멋진 글을 쓰려고 고민하는 대신 일단 무작정 써보기를 권합니다. 마음에 안 들면 열 번, 스무 번 써봐야겠죠. 일단 많이 써봐야 상대방을 설득하는 글, 나의

마음에 드는 글이 만들어집니다.

한 가지 아이디어가 필요할 때 사람들은 열 가지 생각을 합니다. 때로는 스무 가지, 서른 가지 생각도 합니다. 먼저 양적으로 많은 생각을 쏟아낸 후, 평범한 생각 A와 비현실적인 생각 B가 적당히 버무려져 탁월한 생각 C가 만들어집니다. 글도 마찬가지입니다. A4 용지 1장 분량의 글을 쓰려면 적어도 4~5장을 써봐야 합니다. 양적으로 많은 글을 써본 후 이를 정리하여 A4 1장의 정갈한 글로 만드는 겁니다. 글은 자꾸 써봐야 실력이 늡니다! 잘 쓰려고 노력하기보다 많이 써보는 일이 더 중요합니다.

질(質)보다 양(量)!

③ 글쓰기와 아이디어 만들기의 세 번째 공통점은 '창조론이 아닌 진화론에 가깝다'입니다. 두 행위 모두 뚝딱, 무에서 유를 만들어내는 작업이 아닙니다. 아이디어의 경우 처음에는 불만족하고 턱없이 부족한 생각일지라도 시간이 지날수록 좋은 모습으로 진화합니다. 처음에는 평범했던 생각이 변형과 변이를 일으켜 멋진 아이디어로 바뀌어가죠.

글도 똑같습니다. 처음에는 왠지 어색하고 글쓴이의 의도가 잘 드러나지 못한 글일지라도 여러 번 고쳐 쓰기를 통해 점차 멋진 글로 변해갑니다. 글이 진화하는 겁니다. 한 번 쓴 글도 시간을 두고 자꾸 들여다보면 놀랍게 처음과 다른 멋진 글로 변합니다. 내용도 고치고, 문장도 바꾸고 하니까 그렇습니다. 이처럼 글쓰기와 아이디어 만들기는 어느 순간 뚝딱 만들어내는 창조가 아닌 조금씩 더 나은 모습으로 변해가는 '진화'에 가깝습니다.

창조론 ⟶ 진화론!

글이란 '어떤 형식이 되었든지 생각을 기록한 결과'입니다. 즉, 생각을 옮겨 쓴 결과가 글이고, 좋은 글은 잘 정리된 생각입니다. 이렇듯 '글쓰기'가 '생각쓰기'이기 때문에 아이디어 만드는 방법을 글쓰기에 활용할 수 있습니다. 창의적인 글은 창의적인 생각을 기록한 결과가 되겠군요. 그렇다면 창의적인 생각을 갖는 일이 중요할 텐데요, 창의적인 생각은 어떻게 만들 수 있을까요?

핵심은 '발상'과 '판단'을 나누는 일입니다. 처음부터 멋진 아이디어를 만들고자 성급히 달려들면 지금 내가 생각하는 영역에서 생각이 못 벗어납니다. 엉뚱한 결론을 만들거나 선입견에 사로잡히기 쉽죠. 이때 '발상'과 '판단' 2단계로 나누어 생각하면 좋습니다. 2단계로 나누어 생각하는 일은 단순하지만 효과적입니다. 먼저 1단계에서는 생각을 자유롭게 펼쳐봅니다. 그리고 2

단계에서는 질서와 체계를 잡아 정리합니다. 이를 '다이아몬드 사고법'이라고 부릅니다.

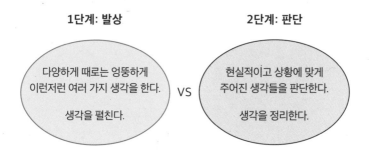

| 1단계: 발상 | 2단계: 판단 |

사람들은 아이디어를 만들 때 '다이아몬드 사고법'을 활용합니다. 저는 이 방법을 글쓰기에 적용하여 '2단계 글쓰기'라고 부르겠습니다.

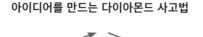

아이디어를 만드는 다이아몬드 사고법

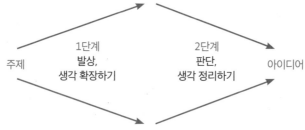

글쓰기 1단계에서는 떠오르는 생각을 단어, 짧은 글, 낙서, 그림 등으로 적절히 표현합니다. 좋은 글감을 많이 모으는 과정

다이아몬드 사고법을 활용한 2단계 글쓰기

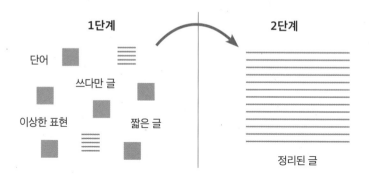

이죠. 그리고 글쓰기 2단계에서는 앞서 1단계를 통해 자유롭게 늘어놓은 글감을 체계적으로 정리합니다. 2단계 과정에서 글의 구성, 좋은 문장을 고민합니다. 이처럼 1~2단계로 나누어 글을 쓰자는 것이 책의 콘셉트(Concept)입니다.

그동안 글쓰기에 막연한 두려움을 느끼고 있었다면, 1~2단계로 나누어 글을 써보기 바랍니다. 글 잘 쓰는 사람을 부러워만 말고 여러분의 생각을 여러분의 글로 표현해 만들어보시기 바랍니다. 글을 잘 쓰면 사는 데 많은 도움이 됩니다. 누군가에게는 삶을 바꾸어주는 힘이 되기도 하죠. 아무쪼록 여러분의 글쓰기에 저의 아이디어가 도움이 되기를 바랍니다. 글쓰기는 생각보다 어렵지 않습니다!

박종하

차례

0장
2단계 글쓰기 틀잡기

1장 생각을 펼쳐, 글감과 소재를 만드는 기술

2장
펼쳐진 글감을 글로 옮기는 기술

: 0장 :

2단계
글쓰기
틀잡기

저는 기존의 글쓰기 책들과는 조금 다른 이야기를 하려고 합니다.
0장에서는 전체 내용을 간략히 아우른 2단계 글쓰기 개요를 소개합니다.
내용이 낯설거나 어렵지 않으니, 부담 없이 읽어가면서
2단계 글쓰기 개념을 잡아볼까요?

01 _ 생각하기와 글쓰기

글은 생각을 옮긴 것입니다. 어떤 주제에 대하여 생각이 풍부하고 잘 정리되어 있다면, 이를 글로 옮기는 일이 쉽겠죠. 그러나 생각이 빈약하거나 생각이 많더라도 정리가 안 된 채 머릿속에 뒤엉켜 있다면 글로 옮기기가 어렵습니다. 멋지고 화려한 표현, 문법에 맞는 글, 맞춤법 등은 나중 문제입니다. 글쓰기에서 중요한 건 글의 중심, 뼈대를 이루는 생각입니다. 그래서 저는 '글쓰기가 생각쓰기'라고 믿습니다.

우리가 대화할 때 사용하는 단어, 문장이 우리의 지적 수준이기도 합니다. 글도 마찬가지입니다. 초등학생은 딱 초등학생 수준만큼 글을 씁니다. 살면서 숱한 경험을 통해 지혜를 깨닫고, 이를 자기 시각으로 해석할 줄 아는 사람은 상대적으로 수준 높은 글을 씁니다. 글은 거짓말을 못합니다. 생각 수준이 글 수준을 결

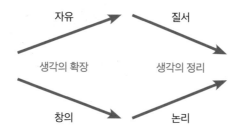

다이아몬드 사고법

자유 → 질서

생각의 확장　　생각의 정리

창의 → 논리

정하니까 거짓말을 할 수 없습니다. 따라서 글쓰기를 배우고 싶다면 생각 만드는 방법부터 배우는 게 순서입니다. 다양하고 풍부한 생각이 좋은 글의 기초가 되기 때문입니다. 우선 생각 만들기부터 배운 후, 그 생각을 효과적으로 정리하는 글쓰기를 배워야 앞뒤가 맞습니다.

　그렇다면 생각은 어떻게 만들까요? 효과적인 아이디어나 생각 만들기는 '다이아몬드 사고법'을 참고할 수 있습니다. 다이아몬드 사고법은 ① 생각을 자유롭게 펼쳐 다양하고 새로운 생각을 만들어내고, ② 질서 있게 생각을 정리하는 2단계 과정입니다. 이를 간략히 소개하면, 먼저 1단계는 '자유롭게 생각을 펼치는 창의적 과정', 그리고 2단계는 '질서를 잡으며 생각을 정리하는 논리적 과정'입니다. 본문을 통해 각 단계에 어울리는 글쓰기 도구와 방법을 한 가지씩 소개할 예정입니다.

02 _ 2단계로 글쓰기

　　다이아몬드 사고법을 활용한 2단계 글쓰기 중 1단계에서는 생각을 펼쳐 자유롭게 생각나는 대로 이 것저것 적습니다. 쉽게 말해 '글감과 소재를 모으는 일'입니다. 그리고 생각을 펼칠 때, 단어나 짧은 문장, 때로는 비문(非文, 문법에 안 맞는 글)이나 그림으로 표현해도 괜찮습니다. 머릿속의 생각을 빠르게 펼쳐보는 것이 목적이니까요. 여기서 핵심은 틀에 얽매이지 않는 것입니다. 맞춤법 같은 형식도 신경 쓰지 않습니다. 1단계에서 적는 글은 나만 보는 거니까 엉뚱한 생각이라도, 혹 문장이 틀려도 상관없습니다. 잘 써야 한다는 부담도 사라지겠죠. 자유롭게 생각을 펼쳐 떠오르는 대로 적는 것이 중요합니다.

　　생각을 펼쳐 글감을 모았다면, 2단계로 건너갈 차례입니다. 펼쳐진 여러 가지 글감과 소재를 체계적으로 글로 옮기는 과정입니다. 여기서는 글을 어떻게 전개해갈지, 글의 뼈대를 어떻게 세울지 등을 고민합니다. 주제가 좋고 글의 소재가 풍부해도 전개가 약하면 문장 전체가 힘을 잃습니다. 글의 구성이란 내가 말하고 싶은 글의 주제와 소재를 효과적으로 조합해서 표현하는 일입니다. 글의 전체 흐름을 염두에 두고 글의 소재를 어떻게 배치하고 조립할지 결정하는 거죠.

여기서 또 하나 잊지 말아야 할 것은 내 글을 읽는 독자 입장에서 글을 써야 한다는 점입니다. 그리고 구성에 맞추어 글을 배치하면서 전달하려는 이야기가 잘 반영되었는지, 논리적인 오류 또는 실수가 없는지 확인하는 작업도 함께 이루어져야 합니다. 멋진 문장이나 탁월한 표현은 일단 잊도록 합시다. 이런 작업은 지속적인 수정과 보완의 몫으로 남겨야 합니다.

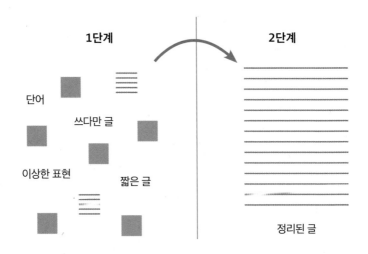

1단계

단어

쓰다만 글

이상한 표현

짧은 글

2단계

정리된 글

세계적인 작가들도 고쳐 쓰기를 반복합니다. 어니스트 헤밍웨이(Ernest Hemingway)는 '모든 글쓰기는 고쳐 쓰기다!'라고 말했답니다. 그는 퓰리처상과 노벨문학상을 동시에 수상한 베스트셀러《노인과 바다》를 수십 번 고쳐 썼다고 밝힌 걸로 유명합니다.

우리가 글을 쓴 후, 조금씩 완성도를 높여가며 만족할 만한 수준의 글이 되려면, 이 책에서 소개하는 2단계 글쓰기로는 부족합니다. 아마 3~4단계 이상의 수정과 보완을 거친 글쓰기가 필요할 것입니다. 일단 쓰고, 다듬고, 바꾸고, 때로는 과감히 지우고 다시 쓰면서 완성도를 높이는 작업을 작가들은 '퇴고(推敲)'라고 부릅니다. 당연히 글쓰기에서는 퇴고가 중요합니다.

글을 수정하다! 퇴고의 유래

중국의 중흥기라 불리는 당나라에는 유독 유명한 시인들이 많았다. 두보(杜甫]), 이백(李白), 백거이(白居易)·한유(韓愈) 등의 이름을 여러분도 한번쯤 들어봤을 것이다. 글을 고친다는 뜻 '퇴고'의 유래는 꽤 유명한, 널리 알려진 이야기다. 이는 두 시인의 우연한(?) 만남에서 비롯되었다.

경조윤이라는 제법 높은 벼슬을 지내던 한유가 길을 가고 있었다. 그런데 지엄한 관리의 행차를 가로 막은 이가 있었으니, 또 다른 시인 가도(賈島)였다. 가도는 뭔가 골똘히 생각에 빠져 그만 한유의 길을 가로막게 되었다. 한유의 수행원들은 무례한 가도를 붙잡아다가 당장이라도 뭇매를 때릴 듯한 기세였다. 가도는 한유 앞에서 사정을 설명했다. 자신이 시를 한 수 짓다가 그만 실수를 저지른 것이라고 아뢰었다.

閑居隣竝少(한거린병소)	한가로이 머무르는데 이웃도 없으니
草徑入荒園(초경입황원)	풀숲 오솔길은 적막한 정원으로 드는구나
鳥宿池邊樹(조숙지변수)	새는 연못가 나무 위에서 잠들고
僧敲月下門(승고월하문)	스님은 달 아래 문 두드리네

가도는 마지막 행을 지으며, '스님은 달 아래 문을 두드리네(敲)'가 좋을지 '문을 미네(推)'가 좋을지 고민하다가 한유의 행차를 알아채지 못한 것이었다. 가도가 한유를 보며 말했다.

"둘 중 어떤 게 나은지 모르겠습니다."
"내 생각엔 '두드리네'라는 표현이 더 좋은 듯하네…"

전후 사정을 알게 된 한유는 이후 가도와 함께 시를 짓고 나누는 친분을 유지했다고 한다. 이 일화가 낳은 사람들에게 전해져 '퇴고'라는 말의 유래가 되었다.

03 _ 글의 내용을 결정하는 1단계

개인적인 생각이지만 '글쓰기 1단계와 2단계 중 무엇이 더 중요하냐?'고 묻는다면 생각을 펼쳐 글감을 모으는 1단계가 더 중요하다고 말할 것 같습니다. 서문에서도 밝혔듯 생각이 글의 내용을 결정하니까 그렇습니다. 물론 2단계에서 이루어지는 글의 구성, 문장 만들기, 기막힌 표현을 적용하는 일도 중요합니다만, 그보다 더 중요한 건 1단계에서 만들어지는 생각의 확장입니다. 생각을 펼쳐 다양한 글감과 소재를 만들어야 좋은 내용의 글이 될 수 있습니다.

우리 주변에는 글쓰기가 어렵다고 생각하는 분들이 정말 많습니다. 글쓰기가 어려운 이유는 처음 시작부터 막히기 때문일 겁니다. 처음부터 막히는 글쓰기 난관을 이겨내는 방법이 생각을 펼쳐 글감부터 모으는 일입니다. 다시 말하지만 1단계에서는 완벽한 글을 써야 하는 부담을 버리세요. 메모하듯 자유롭게 생각을 펼쳐 종이에 적거나 타이핑해 봅시다. 생각을 잘 드러내는 단어, 짧은 문장, 간단한 그림도 좋다고 이미 말씀드렸습니다. 어떤 주제와 관련하여 떠오르는 생각들을 메모했다면, 그 다음엔 눈으로 찬찬히 살펴볼 차례입니다. 눈으로 무엇을 살펴보면 생각이 활성화됩니다. 눈과 생각이 상호작용을 하기 때문인데, 우리가 눈으로 무엇을 보면 연관 있는 생각들이 줄지어 더 많이 떠오르게 마련입니다.

1단계 과정을 마쳤다면, 2단계 순서인 글 정리에 들어갈 차례입니다. 사실 완성도가 높은 글은 딱 2단계로 정리하기가 어렵습니다. 적어도 3~4단계의 수정과 보완이 있어야 그나마 마음에 드는 글이 됩니다. 물론 우리가 종종 써야 하는 리포트, 소논문, 에세이 등은 2단계 글쓰기로도 충분합니다. 여기서 간략하게나마 2단계 글쓰기의 사례를 하나 제시합니다.

만약 여러분이 1시간 동안 A4 2장 분량의 리포트나 당장 내일 아침 회의에 제출해야 할 보고서를 써야 한다면? 이때 시간제한이라는 압박이 글쓰기를 어렵게 만든다. 이 경우 시간을 절반으로 나누어 앞부분에서 1단계를 적용하여 생각과 아이디어를 펼쳐 글감부터 모으고, 나머지 시간에는 2단계를 적용해 글로 정리하면 어떨까? 시간에 쫓기면 마음이 급해지게 마련이고, 조급함은 글을 쓰는 데 아무 도움이 안 된다. 따라서 시간을 2단계로 적절하게 배분하여 글을 쓰면 조급함을 없애거나 줄이는 데 효과가 있을 것 같다.

우리가 머릿속에 떠오르는 생각을 자유분방하게 써야 하는 이유는 또 있습니다. 실제로 우리가 글을 쓸 때를 떠올려봅시다. 글을 쓰기 전까지는 많은 생각들이 떠오를 테지만, 막상 글을 쓰려면 오만가지 생각이 얽히고 설켜 무엇부터 써야 할지 막막해집니다. 이런 경우를 대비해 떠오르는 생각을 두서가 없더라도 메모하는 것입니다. 아무튼 저는 2단계 글쓰기 과정 둘 다 중요하지만, 좀 더 중요한 프로세스는 생각을 펼쳐 글감과 소재를 모으는 1단계라고 생각합니다.

04 _ 창의와 논리

저는 여러분과 함께 2단계 글쓰기 과정을 살펴보는 중입니다. 1단계는 창의성이 바탕된 '자유'라는 말로 대신할 수 있고, 2단계는 논리성을 바탕으로 한 '질서'라고 볼 수도 있습니다.

창의성 : 새로운 가능성을 탐색하는 것. 결론은 나중에 생각한다. '무엇이 가능할까?', '새로운 것이 없을까?'를 찾고 탐색한다. 창의적 발상은 생각의 폭을 넓혀준다. 다른 분야의 이야기를 듣거나 참고하고, 때때로 바보 같고 이상한 생각을 해보기도 한다. 가정을 바꿔보기도 하고, 엉뚱하고 기발한 질문도 던져본다. 다양한 생각 실험을 해보는 일이다.

논리성 : 확실한 결론을 내기 위한 생각. 지금 주어진 것이 맞는

지 틀렸는지 확실한 결론을 내리려는 것이 논리성이다. 논리성은 확산된 생각을 점차 좁혀가는 과정, 즉 깊이 있는 생각이다. 사소한 결론이라도 '혹시 잘못된 부분이 없나?' 의심하고 확인하는 과정을 거쳐 가면서 논리적 완벽을 추구한다.

창의성과 논리성을 직업으로 살펴보는 일도 흥미로울 것 같습니다. 창의성은 예술가, 논리성의 경우 왠지 판사가 떠오르지 않나요? 창의적 사고는 예술가처럼 새로운 일을 찾고 자유롭게 생각하는 일입니다. 논리적 사고는 법정에서 판결을 내리는 판사처럼 오류 없이 정확하게 판단하는 일입니다.

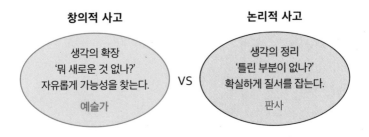

창의적 사고

생각의 확장
'뭐 새로운 것 없나?'
자유롭게 가능성을 찾는다.
예술가

VS

논리적 사고

생각의 정리
'틀린 부분이 없나?'
확실하게 질서를 잡는다.
판사

그런데 논리와 창의는 활용이 다릅니다. 2단계 글쓰기는 ① '창의적'으로 시작하여 ② '논리적'으로 정리하는 일이라고 말했습니다. 그런데 생각을 펼치는 창의적 과정을 생략한 채 논리만 앞세워 글을 쓴다면 어떨까요? 비록 논리가 빈틈없이 완벽한 글일지라도 새로운 내용이 없으면 무미건조한 글이 됩니다. 반대로 논리가 부족한 글은 아무리 창의적인 내용이 포함되었더라도 뒤죽박죽 앞뒤 안 맞는, 해석하기 힘든 글이 됩니다. 독자가 글의 내용 파악을 위해 엄청난 시간과 노력을 기울여야 한다면 유쾌하지 못한 읽기가 되겠죠. 따라서 글은 창의적이면서도 논리가 뒷받침될 때 좋은 평가를 받습니다.

05 _ 읽는 사람이 누구인가?

우리는 글을 쓰는 목적도 진지하게 생각해볼 필요가 있습니다. 여러분이 글을 쓰는 목적은 글로 정리된 여러분의 생각을 타인에게 보여주려는 데 있을 겁니다. 여러분이 펼쳐진 글감을 정리하여 구성할 때, 독자 입장을 고려하며 쓰는 일이 참 중요합니다. 상대방 입장을 고려하고 글을 써야 상호작용이 일어납니다. 겉 보기엔 완벽하고 잘 만들어진 글일지라도 상대방 입장을 고려하지 않은 글은 상처를 주거나, 오해를 불러일으키거나, 외면을 받기도 합니다. 따라서 우리는 글을 쓰기 전, 이 글을 읽는 대상이 누구인지 고민해야 합니다. 읽는 대상에 따라 글의 내용과 형식이 달라질 수 있습니다.

가령, 여러분이 회사에서 써야 하는 보고서나 제안서 등 비즈니스 글쓰기는 첫 부분에 결론을 제시(두괄식)합니다. 왜 그럴까요? 보고서를 살펴볼 CEO, 경영자는 바쁘고 시간이 부족합니다. 그들은 핵심부터 알기 원할 겁니다. 또한 여러분의 바쁜 고객들도 결론이 마음에 들어야 그 결론이 만들어진 과정을 살펴보려 할 겁니다. 만약 이런 분들이 내 글을 읽는 주요 대상이라면, 일단 매력적인 결론부터 제시해야 관심과 시선을 붙잡을 수 있습니다. 2장에서 자세히 설명하겠지만, 글을 쓸 때 결론부터 먼저 알려주기! 이것이 비즈니스 글쓰기의 팁입니다.

꼭 비즈니스 글쓰기가 아니더라도 요즘 사람들은 결론부터 알리는 글을 원합니다. SNS나 블로그 등 읽을거리가 풍성한 세상입니다. 마음 급한 현대인들은 빠른 결론을 알고 싶어 합니다. 자신이 원하는 결론, 흥미를 제공하는 결론을 알고 난 후, 그 결론이 만들어진 과정을 살펴봅니다. 두괄식 글로 결론부터 제시하는 글은 작가 입장이 아닌 글 읽는 사람 입장을 고려한 대표적인 사례입니다.

누군가 글을 쓰고, 그렇게 만들어진 글을 다른 누군가가 읽고 반응하는 상호작용은 문자가 만들어진 이래, 지금까지 계속 진행되어 온 인류의 커뮤니케이션입니다. 피터 드러커(Peter F. Drucker)는 커뮤니케이션의 중요성을 강조하며 이런 말을 남기기도 했죠.

"내가 무슨 말을 했느냐가 중요한 것이 아니라,

상대가 무슨 말을 들었느냐가 중요하다."

　그의 조언은 현재 우리들의 글쓰기에도 적용할 수 있습니다. 빠른 결론부터 제시하여 독자들의 관심과 흥미를 유발하는 일, 많은 구독자를 유치하기 위한 유튜브 채널의 썸네일을 생각하면 이해가 쉬울 것 같습니다.

06 _ 내 글의 포지션

 이 책의 콘셉트인 2단계 글쓰기는 '자유(1단계)'에서 출발해 '질서(2단계)'를 부여하는 일이라고 밝혔습니다. 글의 성격 자체를 자유와 질서라는 스펙트럼으로 볼 수도 있겠군요. 어떤 글은 자유도가 높아야 가치가 크고, 어떤 글은 질서가 더욱 중요합니다. 예컨대 소설(小說)이나 시(詩) 같은 문학 작품은 자유로운 내용이나 형식을 일부 허용합니다. 때때로 문학적 감동을 더하고자 문법도 무시합니다. 그럼에도 불구하고 독자들은 이를 문제 삼지 않죠.

- 우리는 그들의 침묵의 함성을 들었다.
- 입을 굳게 다문 그들의 얼굴은 계속 외치고 있었다.
- 그들의 상한 외침에 우리는 공포를 느꼈다.

모두 문법적으로 오류가 있는 표현입니다. 그러나 독자들은 '침묵의 함성'을 모순이라고 지적하는 대신 멋진 표현이라고 칭찬합니다.

문학뿐 아니라 마케팅에서도 문법을 의도적으로 파괴하는 일이 종종 있습니다. 애플(Apple)의 유명한 카피 'Think Different'라는 말도 영문법과 안 맞는다고 하죠. 또 국내의 한 대기업 광고 중 '이상한 생각이 세상을 바꾼다. 이상하자'라는 카피를 본 적 있습니다. '이상하자'는 잘못된 표현입니다. '나는 절대 A폰을 쓸 거야'라는 마케팅 문구도 문법을 파괴한 경우입니다. '절대'라는 말 다음에는 부정문이 와야 하니까요. '나는 절대 A폰을 쓰지 않을 거야'라는 표현이 올바릅니다. 그러나 내용을 강조하고자 의도적으로 문법을 파괴하는 일이 심심찮게 벌어집니다. 그 이유는 올바른 표현보다 창의적이고 자유로운 발상에 더욱 가치와 무게를 두기 때문입니다.

반면에 업무보고서나 기획서와 문서는 규칙과 질서가 우선 순위입니다. 많은 회사들은 보고서 양식을 사내에 미리 결정해 두고 공유합니다. 정해진 양식에 맞추어 내용만 채우면 됩니다. '어떤 형식으로 글을 쓸까?'라는 고민을 덜기 위해 자유를 없앤 거라고 생각하면 이해가 쉽습니다. 비즈니스 세계에서는 시간과 일의 속도가 너무 중요하니까 그렇습니다.

자유와 질서
|||||||||||||||||||||||||||||||||||||

자유보다 질서를 요구하는 보고서, 기획서는 더더욱 읽는 사람 입장을 고려해야 한다. 주관적 글쓰기가 아닌 객관적 글쓰기다. 감각적이고 감성적인 표현 대신 사실적이고 논리적 글쓰기에 치중해야 한다. 반면, 에세이와 칼럼 등은 글을 쓰는 작가의 개인 경험과 감각을 바탕으로 한다. 주관적 글쓰기가 더 강조되어도 좋다. 이런 글은 사실관계를 논리적으로 서술하고 증명하는 대신 자신의 상상력을 다른 관점으로 서술하면서 창의적이고 새로운 내용을 제시해야 글의 차별화를 도모할 수 있다.

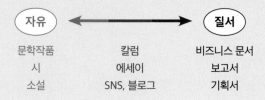

자유		질서
문학작품	칼럼	비즈니스 문서
시	에세이	보고서
소설	SNS, 블로그	기획서

07 _ 자유로운 글 Vs. 질서를 갖춘 글

　　나의 글이 '자유'와 '질서' 중 어느 위치에 있어야 적당한지 고민해볼 필요도 있습니다. 상사에게 제출하는 보고서와 같은 글이 있고, 개인 블로그에 공개하는 에세이 같은 글도 있습니다. 보고서는 질서가 중요하고 에세이는 자유가 중요하죠. 이처럼 개인의 감정이 잘 드러난 에세이나 칼럼을 쓸 때에도 자유와 질서 스펙트럼 중 어느 위치에 내 글을 놓을지 생각해보는 것이 좋습니다. 이를 그림으로 살펴보겠습니다.

　　다음 페이지의 왼쪽 그림은 마크 로스코(Mark Rothko)가 1970년에 그린 〈레드〉라는 작품이고, 오른쪽은 노먼 록웰(Norman Rockwell)이 1958년에 그린 〈도망자〉라는 작품입니다. 마크 로스코의 그림을 많이 접해본 사람들은 저 그림을 보면서 눈물을 흘린다고 하더군요. 저 그림을 보며 우는 사람들은 작가와 같은 종

교적 체험을 하는 거라는데, 일반인은 이해하기 힘든 이야기입니다. 어떤 사람이 마크 로스코의 그림을 구입하려고 그의 갤러리에 갔다가 〈레드〉를 본 후 주저앉아 통곡했다고 합니다. 왜냐하면, 그 사람은 그림을 보면서 마크 로스크의 죽음을 선명하게 느꼈다는 겁니다. 그는 마크 로스크의 죽음을 걱정하며 그를 구해야 한다고 말했습니다. 그런데 놀라운 것은 정말로 며칠 후 마크 로스코가 자살로 생을 마감했다는 사실입니다. 그림을 아무리 봐도 별 감흥이 없는 저와 같은 사람들에겐 신기한 이야기로만 들립니다. 아무튼 어떤 그림은 단순하지만, 깊은 사색이 들어 있습니다. 어려운 시(詩)와 같은 느낌도 주죠. 극단적으로 자유롭고 주관적인 글은 로스코의 그림에 비유할 수 있습니다.

이번에는 오른쪽 노먼 록웰의 그림입니다. 그림만 봐도 대략 상황을 짐작할 수 있습니다. 저 그림은 쉽고 재미있는 이야기를 품고 있죠. 작품 제목의 주인공 '도망자'는 누구일까요? 아마 보자기를 힘없이 내려놓은 꼬마가 도망자일 것 같네요. 소년은 빨간 보자기에 이것저것 허술하게 챙겨 집을 나온 것 같습니다. 엄마에게 혼난 후 홧김에 짐을 싸들고 나온 것처럼 보이기도 하네요. 호기롭게 집을 나왔지만, 딱히 갈 곳도 없고 어느새 배가 고파졌습니다. 식당 근처에서 방황할 무렵, 경찰관 아저씨가 꼬마에게 밥을 사주겠다며 식당으로 데리고 간 상황이 아닐까요? 모든 상황을 눈치 챈 식당 주인도 소년의 밥값은 안 받았을 것 같군요. 이 그림은 누구나 쉽게 이해할 수 있습니다. 재미난 스토리가 머릿속에 그려지죠. 노먼 록웰의 그림을 글로 비유하자면 읽는 사람이 내용을 빠르게 파악할 수 있는 객관적인 글쓰기가 될 것입니다.

현재 내가 쓰려는 글이 어떤 그림을 닮았는지 생각하면 글쓰기에 도움이 됩니다. 마크 로스코와 같은 추상화는 문학작품, 노먼 록웰의 그림은 스토리가 있고 풍자가 담긴 글입니다. 덧붙여서 만약 회사 부장님께 제출할 보고서라면 사건 현장을 잘 보여주는 사진을 생각하며 써보는 것도 도움이 되겠군요. 우리가 글을 쓰기 전 '어떤 글, 어떤 스타일의 글을 써야 하는가? 무엇을 보여주고 싶은가?'를 고민해보자는 이야기입니다.

08 _ 글쓰기 공식들

        '자유'에서 출발해 '질서'를 부여하는 2단계 글쓰기를 한결 쉽게 해볼 수 있는 방법이 있습니다. 처음이 아닌 중간에서 출발해 도착점으로 가는 것인데요, 방법은 간단해요. 이미 누군가가 만들어놓은 글의 틀(프레임)을 빌려서 그 틀 안에 나의 생각을 글로 채우는 방법입니다. 이미 다른 사람이 만든 글틀을 활용해 글을 쓸 때, 그 틀을 '글쓰기 공식'이라고 부를 수 있습니다.

만약 여러분이 '자기소개서'를 써본다고 합시다. 자기소개서 또한 자유롭게 이런저런 생각과 고민을 하여 글감을 펼치고, 그렇게 펼친 내용을 보기 좋게 정리하는 과정을 따릅니다. 자기소개서는 특별한 형식이나 제약이 없습니다. 여러분이 쓰고 싶은 대로 쓰면 되는데, 그래서 더 막막하죠. 사람들은 형식이나 틀에 얽매인 글쓰기에 익숙합니다. 우리를 제약했던 형식과 구조, 틀을 없애면 막막해집니다. 글도 그렇습니다. 너무 많은 자유를 주면 글쓰기 시작부터 막막합니다. 어떻게 써야 좋을지 모르기 때문인데, 이때 자유를 조금 제약하면 효과적입니다.

　자세한 방법은 이미 알려져 있는 글의 틀을 빌려 그 안에 맞추어 쓰는 것입니다. 한결 편하고 쉬운 글쓰기가 됩니다. 자기소개서의 경우 '현재, 과거, 미래 순서로 나를 소개하자'라고 정해도 괜찮겠죠. '현재 어떤 일을 하는 중이고, 과거에는 어떻게 살았으며, 미래에는 무엇을 계획하고 있다'는 시간 순서를 글쓰기 틀로 여기는 것입니다. 자기소개서는 이야기 순서만 결정해도 글쓰기가 쉬워집니다. 이처럼 우리 주변에서 많이 활용하는 글의 틀을 빌려 글을 쓰는 것도 쉬운 글쓰기 팁입니다. 글의 틀은 내가 만들어도 좋고, 다른 사람이 쓴 글을 읽은 후 거기서 사용한 틀을 빌려도 상관없습니다. 사람들이 많이 활용하는 글틀이 있는데, 대표적인 것이 2장에서 소개할 '3의 법칙'입니다. 3의 법칙 외에도 사람들이 많이 사용하는 글틀은 2장 '글 정리 공식'을 참고할 만합니다.

3의 법칙을 활용한 글쓰기와 연설

3의 법칙은 심리적으로 사람들이 3가지 내용 제시를 좋아한다는 것에서 착안되었다. 사람들은 어떤 주제를 말하거나 글로 쓸 때, 3가지로 정리하는 일에 익숙하다. 유명인사들도 '3의 법칙'을 많이 활용한다. 가령, 2005년 스탠퍼드 대학교 졸업생들에게 들려준 스티브 잡스의 연설문이 대표적이다.

"일단 이렇게 훌륭한 학교의 졸업식에서 이렇게 서 있는 것을 영광으로 생각합니다. 저는 사실 대학을 졸업하지 못했습니다. 태어나 이런 곳에 와보는 경험도 처음입니다. 오늘 저는 여러분께 제 인생의 3가지 이야기를 들려드리고자 합니다. 다른 건 없습니다. 그냥 3가지 이야기입니다."

이렇게 시작한 잡스의 연설은 인생에 관해 자신이 하고 싶은 3가지로 전개한다. 그리고 너무나 유명한 'Stay Hungry, Stay Foolish'라는 말로 연설을 마무리하며 "우직하게 더 큰 꿈과 희망을 향하여 전진하자"는 메시지를 전달했다. 대학교 졸업식장에서 성공한 사업가가 하고 싶은 이야기는 많았을 것이다. 역경을 이겨낸 성공 스토리나 절대로 해서는 안 될, 또는 반드시 해야 할 수많은 이야기를 하고 싶었을 테지만, 잡스는 자신이 하고 싶은 이야기를 3가지 스토리로 묶어 간단히 전달했다. 그가 처음부터 3가지 구조를 생각 한후, 그 3가지 카테고리에 적합하지 않은 내용들은 과감히 삭제했을 거라고 짐작할 수 있다.

3의 법칙은 칼럼이나 에세이 등에서도 많이 찾아볼 수 있다. 자신이 하고 싶은 이야기를 간추려 3가지로 분류해 정리하는 것, 이것이 대표적인 글쓰기 공식이다.

09 _ 내용이냐, 표현이냐?

　　　　　글쓰기에서 중요한 건 내용일까요, 표현일까요? 개인적으로는 멋진 표현보다 충실한 내용에 한 표 던집니다. 그런데 사람들은 글을 잘 쓰는 절대 조건으로 '멋진 표현'부터 떠올립니다. 참고로 김필영 시인의 〈나를 다리다〉라는 시 한 편을 살펴보겠습니다.

　〈나를 다리다〉

　아내가 다림질하는 아침,
　잠꾸러기가 되어본다
　북북, 분무기 소리에 실눈을 뜬다
　다리미는 나의 등을 여러 번 지나간다
　부도를 맞고 처음 마련한 집에서 쫓겨가던 날

아내는 저렇게 내 등을 어루만지며 울었었다

뒤틀리고 주름진 팔로 수없이

다리미가 지나간다

놓칠 뻔했던 야윈 팔을 붙들고 여기까지

어떻게 견디며 살아왔을까

석회질로 굳어가는 뼈마디를 정성스레 편 아내는

옷을 훌훌 털어 돌리더니

이번엔 가슴에다 물을 뿜는다

웅크렸던 그늘 속이 더욱 서늘해진다

지나가는 아내의 손길마다 금세 훈훈해진다

기죽지 말라는 것일까

다리미 잡은 아내의 손목을 슬며시 쥐어본다

화들짝 놀라며

어머나! 이이 좀 봐, 주무시다 말고 왜 우시는 거예요?

숨죽이던 다리미가 뜨거운 입김을 토해낸다.

'역시 글쓰기는 타고난 재능인가?'라는 생각에 절망감이 밀려옵니다. 그러나 우리가 가장 경계해야 할 녀석이 바로 '절망'입니다.

　문학과 일상의 글쓰기 간에는 엄연히 큰 차이가 있습니다. 우리가 실생활에서 글을 쓰는 목적이 문학작품을 만들려는 건 아닙니다. 우리 일상에서 글을 쉽고 흥미롭게, 그리고 좀 더 글쓰기에 익숙해지려고 글을 쓰는 것입니다. 욕심을 좀 더 부리자면 상대방을 설득하는 글쓰기 정도일 것입니다. 만약 여러분의 최종 글쓰기 목표가 문학작품을 쓰는 것일지라도 일단 일상의 글쓰기부터 통달해야 합니다. 글을 쓰는 일이 편하고 익숙해져야 다음 단계로 도약할 수 있습니다.

다림질하는 아내를 통해 수많은 감정을 느꼈을 시인도 단어 하나, 조사 하나마다 신경 쓰며 수십 번 글을 고치고 다시 고치며 저 시를 완성했을 것입니다. 그리고 아마도 시인의 첫 글쓰기 또한 일반인 실력과 엇비슷했을 겁니다. 그러나 시인은 오랜 시간 글을 쓰고 다듬고 고치는 일을 했을 게 분명합니다. 감동적인 시 한 편은 뚝딱 만들어질 수 없기 때문입니다.

글쓰기가 막막하고 두려운 우리의 목적은 일상에서 편하게 쓰는 글쓰기입니다. 흥미롭고 창의적인 생각을 많이 하고, 이를 논리적으로 정리하는 일이 이 책의 목표임을 기억하세요. 감동 충만한 문학적 글쓰기는 나중의 일입니다.

10 _ 통일성과 일관성

우리가 글을 쓸 때, 염두에 두어야 할 것이 또 있습니다. '통일성'과 '일관성'입니다. 1단계에서 수집한 글감으로 문장을 만들고, 몇 문장으로 단락을 만들며 글을 이어갈 때 통일성과 일관성 유지가 필수입니다. 이는 어떤 글쓰기에서도 지켜져야 할 내용입니다.

내가 쓰려는 글의 주제와 내용이 독자에게 잘 전달되려면 일관성이 있고 통일된 느낌이 있어야 합니다. 만약 앞문장과 뒷문장에서 사용한 용어가 다르거나, 고유명사를 달리 쓰거나(하버드 대학교, 하바드 대학교) 하면 글의 신뢰가 떨어집니다. 표현은 자유로울 수 있습니다만, 누구나 아는 용어나 단어, 고유명사 등은 통일감 있게 써야 합니다. 특히 고유한 명사는 표준을 만들어 누구나 그렇게 쓰기로 한 사회적 약속입니다. 사실 글이라는 기호 자체가 사회적인 약속이기도 합니다만…

글의 단락과 단락 사이의 문맥을 연결할 때에는 상호 관련성을 유지해야 자연스러운 연결이 됩니다. 앞단락과 뒷단락 내용이 서로 큰 차이가 나면 어색하고 이해하기 힘든 글이 되고 말죠. 단락을 자연스럽게 연결하는 방법은 여러 가지가 있습니다. 여러분이 참고할 만한 내용 중 하나로, 앞단락 내용과 조금 다른 이야기를 전개할 때 종종 사용하는 몇 가지 사례를 소개합니다.

- 지금까지 설명한 것과 다른 시각으로, ~
- 위의 내용을 더 구체적으로 설명하자면, ~
- 이와 관련 있는 정보를 소개하자면, ~
- 이야기를 조금 과장하여 말하자면, ~

글을 쓰면서 독자가 의문을 가질 만한 부분에서는 작가가 친절해야 합니다. '왜 그런 생각을 하게 되었는지 궁금할 것이다', '왜 그런 수치가 나왔을까?', '이 부분에서 여러분의 궁금증이 커질 것 같다' 등으로 읽는 사람과 호흡을 맞추어야 합니다. 독자는 글쓴이 혼자 내달리는 달리기에 관심이 없답니다. 함께 호흡을 맞추며 달려야 오랫동안 갈 수 있죠.

한 가지 더 드릴 말씀은 글을 쓸 때 되도록 쉽고, 간결하고, 명확하게 써야 하는 것도 기억합시다. 글의 통일성과 일관성 유지, 자연스러운 단락 잇기, 독자와 호흡하는 친절함 갖추기 등은 꾸준한 연습으로 익힐 수 있습니다. 자꾸 써보면 이런 기술들이 자연스럽게 익숙해집니다. 결국 글은 많이 써봐야 합니다!

마지막으로, 여러분이 글을 다 썼다면 소리 내어 읽어볼 차례입니다. 내가 쓴 글을 읽으면서 어딘가 이상하다면 그냥 넘어가서는 안 됩니다. 뭔가 이상하다는 건 분명 어딘가에 문제가 있는 겁니다. 문제가 느껴졌다면 과감히 수정하고 보강해야 좋은 글이 됩니다. 어딘가 이상한 글의 종류는 다음과 같습니다.

- 논리가 안 맞는 글
- 핵심을 겉도는 글
- 잘못된 사례를 제시한 글
- 같은 내용을 반복하는 글
- 하나의 문장에 여러 이야기가 담긴 글
- 통일성, 일관성이 떨어지는 글
- 과한 수식이 내용을 헤치는 글

내가 쓴 글을 소리 내어 읽어보면 위와 같은 문제점들이 드러나고 느껴집니다. 어딘가 어색하고 부자연스럽다면 당연히 수정해야겠죠. 그래서 우리는 한 번 쓴 글로 만족하면 안 됩니다. 소리를 내어 읽어보면 고치고 수정해야 할 부분을 알 수 있습니다.

지금까지는 워밍업이었고요, 진짜 이야기는 이제부터 시작입니다. 여러분! 준비되셨나요?

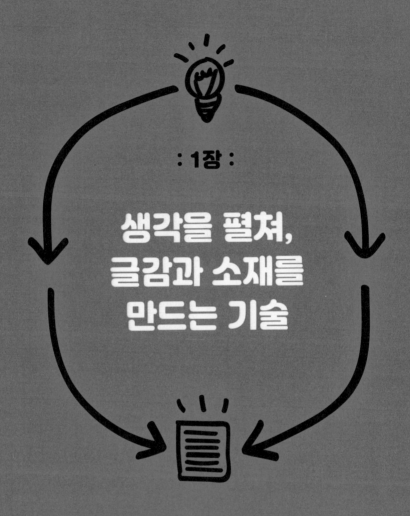

: 1장 :

생각을 펼쳐, 글감과 소재를 만드는 기술

1단계에서는 생각나는 대로 계속 적고, 자유롭게 쓰는 것이 핵심입니다.
특히 메모와 낙서는 1단계를 시작하는 대표적인 방법이죠.
'글쓰기는 생각쓰기'라는 점을 다시 떠올려 보세요.
여러분은 혹시 맥주와 커피를 즐겨 마시나요?
맥주와 커피가 글쓰기와 어떤 관련이 있는지, 그 이야기부터 시작하겠습니다.

01 _ 맥주와 커피, 그리고 글쓰기

　　적당히 기분 좋게 취한 상태가 글쓰기
에 도움이 된다고 말하는 분들도 있습니다. 알코올이 꼭꼭 닫힌
상상력, 창의력의 문을 열어준다고나 할까요. 이와 관련한 흥미
로운 연구를 소개합니다. 미국 일리노이 주립대학교 제니퍼 와
일리(Jennifer Wiley) 교수의 연구결과입니다.

　와일리 교수에 따르면, 혈중 알코올 농도가 0.07%일 때 사람
들이 창의적인 아이디어를 가장 잘 발상한다고 합니다. 그 이유
는 술이 우리 뇌의 집중을 느슨하게 만들기 때문이랍니다. 인간
의 뇌는 감각 게이팅(Sensory Gating)을 통해 중요하지 않다고 판
단한 정보가 머리로 들어오는 것을 자동으로 차단하는데, 술을
마시면 감각 게이팅이 느슨해져 많은 정보가 차단 없이 유입된
다고 합니다. 또한 적당한 취기에서는 서로 상관없을 것 같은 정
보가 하나로 연결되어 새로운 생각을 만들어낸다고 하죠.

술 취한 헤밍웨이의 글쓰기?

20세기를 대표하는 작가 헤밍웨이! 그는 사람들로부터 '글을 어떻게 쓰는 가?'라는 질문을 종종 받았다. 헤밍웨이의 대답이 걸작이다.

"취해서 쓰고, 깨어나서 수정해라(Write drunk, edit sober)."

미국령 플로리다 맞은편 쿠바의 수도 아바나의 한 호텔방. 헤밍웨이는 그 곳에서 때때로 술에 취한 채로 꽤 오랜 시간 동안 작품 활동을 한 것으로 알려져 있다. '취해서 쓰고, 깨어나서 수정하라'는 그의 말이 왠지 근사하지 않은가? 헤밍웨이의 글쓰기 역시 우리가 함께 살펴볼 2단계 글쓰기와 닮았다. 일단 쓰고, 나중에 정리하는 것! 술에 취해 자유롭게 쓰고, 정신이 돌아오면 냉정하게 수정하라는 조언이다.

글쓰기가 자유에서 시작하여 질서로 향해 가는 여정이라면, 취하여 자유를 만끽하고 깨어나 질서를 잡으라는 조언처럼 들린다. 사람들은 자유를 만끽하는 일을 미룬 채 질서만 잡으려고 한다. 글쓰기에서도 마찬가지다. 처음부터 질서 잡힌 글을 쓰려고만 하는데, 질서 잡기에 충실한 글은 형식적이고 뻔한 글, 재미가 없는 글이 되기 쉽다. 살짝 취기가 오른 상태에서 재미와 흥미를 갖추고 때때로 '맞아 바로 이거야!' 하는 아이디어가 나올 수 있다는 헤밍웨이의 경험을 참고할 만하다. 빨려 들어갈 듯한 감동, 신선한 재미, 다시 읽어보고 싶은 글은 질서를 잡는 것만으로 부족하다. 충분한 자유의 시간부터 가진 후 질서를 잡는 것이 순서다. 헤밍웨이는 글을 쓸 때 이것저것 새로운 생각을 탐색하는 시간을 가졌다. 이를 은유적으로 '술에 취해 쓰라'고 표현했다.

    간혹 영화나 드라마를 보면 창의성 만랩 수준의 천재가 정신 분열 환자 모습으로 등장합니다. 일상에 집중하지 못하고 산만하게 정보를 처리하는 천재의 모습을 보여주려는 감독의 의도일 겁니다. 실제로 음악, 미술, 문학 등의 분야에서 탁월한 작품을 남긴 많은 사람들이 술을 마시고 작품 활동을 한 것으로 알려져 있습니다. 유명한 당나라 시인 이태백의 경우, '술 한 말에 시 100편을 지었다'는 말도 있지 않습니까! 이처럼 술은 우리의 아이디어 발상, 창의적 활동에 미치는 영향이 큽니다. 글감 아이디어를 얻는 창의적 활동에 술이 촉매 작용을 한다고 볼 수 있습니다.

저 역시 맥주와 커피를 즐겨 마시는 편입니다. 독자 여러분 중에도 맥주와 커피 '덕후'가 많을 것입니다. 무더운 날씨가 온몸을 괴롭힐 때, 흰 거품 묻히며 목에 넘기는 시원한 맥주 한 잔이 종종 삶의 치유가 되어주죠. 커피는 어떤가요? 21세기 지성인의 음료라는 커피는 흐릿한 정신을 맑게 해주는 각성 효과가 뛰어납니다. 이 책의 2단계 글쓰기를 맥주와 커피에 적용할 수도 있습니다. 먼저 맥주를 마시면 적당한 알코올이 뇌를 작용해 우리 생각을 자유롭게 해줍니다. 반면에 커피는 맥주와 다른 반대 효과를 제공합니다. 우리 생각을 각성시키고 집중하도록 돕습니다. 맥주와 커피를 2단계 글쓰기에 적용하면 이렇습니다.

① 술을 마실 때 사람들은 다른 사람을 의식하지 않고 솔직해지며 때때로 과감해진다. 생각이 자유로워진다.

② 다음 날이 되면 향 좋은 커피 한 잔을 음미하며 어제 늘어놓은

여러 가지 생각을 차분히 정리한다.

창의적·획기적인 생각은 주변 상황이나 사람을 의식하지 않을 때 잘 나타납니다. 그런 상태에서 글을 쓰면 숨어 있던 상상력이 나타납니다. 비현실적이거나 상식에서 벗어난 이야기가 떠오르기도 하죠. 와일리 교수의 연구에서 창의성이 왕성하게 발현되는 혈중 알코올 농도는 0.07%였습니다. 사람마다 주량이 서로 다르겠지만, 일반인 기준으로 와인 2잔, 맥주 1,000cc 정도 수준입니다. 이 수치를 넘어 더 취하면 아이디어는커녕 내가 먹은 술이 와인이었는지 맥주였는지 기억조차 못 할 수도 있습니다. 혈중 알코올 농도 0.07% 유지가 관건! 너무 취하지는 말아야겠습니다.

이제 본격적으로 글쓰기 도구를 하나씩 살펴보겠습니다. 머릿속에 꼭꼭 숨어 있는 괜찮은 아이디어들을 넓게 펼쳐서 글감과 소재를 만드는 1단계부터 소개합니다. 앞에서 저는 '좋은 글을 쓰고 싶다면 생각을 펼치는 1단계가 중요하다'고 강조했습니다. 생각이 곧 말이 되고, 글이 되기 때문입니다. 지금부터 소개할 도구들에 하나씩 이름을 붙이자면, '글쓰기 80:20 법칙' '초코파이 법칙' '렌즈 법칙' '메모와 낙서 법칙' 등입니다.

02 _ 세상에 새로운 건 없다

글쓰기는 우리 주변에서 쉽게 접할 수 있는 여러 가지 정보와 이야기, 그리고 자료를 체계적·적극적으로 수집하면서부터 시작됩니다. 그러니까 이미 존재하는 기존의 것을 누가 어떻게 엮어 새로운 내 것으로 만드느냐가 글쓰기의 핵심입니다.

"한 사람의 아이디어를 훔치면 표절이다.
그러나 여러 사람의 아이디어를 훔치면 좋은 작품이 된다."

제가 박사 과정 공부를 할 때 책상에 붙여놓았던 글입니다. 저는 위의 말에 공감했습니다. 그래서 제가 연구하던 분야의 논문을 되도록 많이 읽으려고 노력했죠. 나만의 생각을 갖고 나만의 아이디어를 만들기 위해 가장 힘써야 하는 건 타인의 아이디

패러디와 오마주, 그리고 표절

패러디(Parody)와 오마주(Hommage)는 모방이라는 이름을 붙일 수 있는 창작 영역에 속한다. 반면에 표절(剽竊)은 악의를 품고 행한 범죄 영역이다. 이들 세 단어는 서로 비슷한 부분이 있는 반면, 매우 큰 차이가 있다.

• **패러디** : 기존의 영화, 드라마, 연극 등에서 소개되었던 내용이나 문체, 또는 등장인물의 대사를 의도적으로 모방하여 우스꽝스럽게, 익살스럽게, 풍자 또는 조롱하는 행위. 패러디의 첫 시작은 영화사에서 나타났다. 이후, 영화뿐 아니라 시나 희곡 등의 문학에서도 패러디를 가미한 작품이 만들어졌다. 패러디는 모방을 통한 변용, 그리고 해학(골계미)이 포함된다.

• **오마주** : 프랑스어로 '존경'이라는 의미다. 오마주의 유래는 기존 유명 영화감독의 작품이나 재능을 두고 후배 영화감독이 그 공을 치하하는 행위에서 비롯됐다. 선배 영화인이 만든 영화장면이나 대사 등을 자신의 영화 속에 응용하거나 삽입함으로써 존경을 표하는 식이다. 가령, 홍콩 출신 영화감독 오우삼의 영향을 받아 영화감독이 되었다는 쿠엔틴 타란티노는 자신의 영화《저수지의 개들》(1992년)을 제작할 때 오우삼 감독의 《첩혈쌍웅》(1989년)에서 소개된 권총 액션을 각색, 삽입했는데 대표적 오마주라고 볼 수 있다. 이처럼 오마주는 자신에게 영향을 준 거장에 대한 존경을 담고 있다.

• **표절** : 표절은 타인이 만든 저작물의 전부 또는 일부를 허락 없이 자신의 글 또는 창작물에 베껴 쓰는 행위다. 출처를 밝히지 않고 도용함으로써 마치 자신의 창작물인 것처럼 타인을 현혹시킨다는 점에서 범죄가 된다. 요즘에는 고위공직자나 연예인 등의 논문에서 표절 시비가 잦다. 표절이 사회적 문제가 되다 보니, 교육인적자원부는 표절심사 가이드라인을 마련해 운영한다.

정리하면, 타인의 창작물을 자신의 경험이나 시각으로 재해석한 모방. 기존의 내용을 확실히 밝히고 이를 풍자하여 웃음을 제공하는 패러디. 유명인의 재능 또는 업적을 기려 이를 존경하는 뜻으로 표현하는 오마주 등은 합법적인 창작 영역이다. 반면에 표절은 타인의 생각과 창의성, 결과물을 마치 내 것인 냥 훔치는 범죄 영역이다. 이를 잘 구별할 줄 알아야 글쓰기에 적절히 활용할 수 있고, 예기치 않은 불상사를 피할 수 있다.

「교육인적자원부 논문표절 가이드라인」 모형

- 표절의 기준
- 여섯 단어 이상의 연쇄 표현이 일치할 때
- 생각의 단위가 되는 명제 또는 데이터가 동일하거나 본질적으로 유사할 때
- 타인의 창작물을 자신의 것처럼 이용할 때

- 중한 표절의 기준
- 타인의 표현, 아이디어를 출처 표시 없이 사용할 때
- 창작성이 인정되지 않는 짜깁기, 연구결과 조작, 저작권 침해 가능성이 큰 저작물일 경우

- 자기표절
- 자신의 저작물일지라도 출전을 밝히지 않고 상당 부분을 그대로 다시 사용할 때, 즉 과거에 발표한 논문을 설명이나 수정 없이 거의 똑같이 다른 학술지에 게재할 때

어를 많이 수집하는 일입니다.

글쓰기도 똑같습니다. 내가 쓰고 싶은 주제와 관련된 정보를

많이 수집해 가지고 있으면 글쓰기가 한결 쉽습니다. 글의 주제와 관련 있는 사건, 이슈를 검색하여 글감 자료를 수집하고, 이를 나의 새로운 시각으로 정리하면 좋은 글이 됩니다. 간혹 수많은 정보와 자료를 읽고 수집하는 과정에서 독창적인 생각, 글감을 얻기도 하죠.

좋은 생각은 아이디어가 많을 때 얻을 수 있는 확률이 높다고 앞서 밝혔습니다. 예컨대 어떤 회사에서 똘똘한 신입사원 5명을 뽑기로 했다면, 5명을 뽑는 일이니까 달랑 5명만 면접 보고 채용을 결정할까요? 그런 회사는 없습니다. 5명을 뽑더라도 30명, 50명의 후보 중 추리고 추려 회사에 적합한 신입사원 5명을 뽑습니다. 원하는 아이디어를 만들고 재미난 글감을 수집하는 일도 똑같습니다. 가능성 있는 것들을 더 생각해보고 흥미로운 이야기를 수집해 그중 가장 좋은 내용을 고르는 겁니다. 어떤 주제의 글을 쓸 때 생각나는 대로 '뚝딱' 하나 쓰기보다 관련 내용을 많이 수집해 검토하고 그중 가장 적당한 녀석을 골라 글로 옮기는 것이 글의 질을 높이는 현실적인 방법입니다.

03 _ 글쓰기 80:20 법칙

갑돌이: 난감하군. 특히 쓸 만한 내용이 없는데…

갑순이: 쓸 내용은 있는데 어떻게 정리하지?

갑돌이와 갑순이가 고민에 빠졌습니다. 둘 다 글을 쓰지 못해 고민 중이지만, 고민의 차이가 질적으로 다릅니다. 갑순이보다 더욱 절망스러운 사람은 갑돌이입니다! 우리가 글쓰기를 어렵게 생각하는 이유는 특별히 쓸 내용이 없기 때문입니다. 어떤 주제의 글을 써야 할 때 '도대체 무엇을 써야 하지?'라는 생각만 가득합니다. 그나마 갑순이처럼 쓰고 싶은 글감이나 소재가 있다면 사정이 한결 낫습니다. 여러 글감과 소재를 글로 만들어 옮기는 일은 그리 어렵지 않습니다. 글쓰기에서 현실적으로 가장 막막하고 어려운 건 쓸 만한 내용이 없을 때입니다.

좋은 글을 쓰려면 글의 소재, 글감이 있어야 가능합니다. 눅눅한 아랫목을 덥히는 데 필요한 재료가 땔감이듯, 글 내용을 풍요하게 채우는 재료가 글감입니다. 글감이 풍부할 경우 마음 편한 글쓰기가 됩니다. 반대로 글의 소재가 턱없이 부족하면 어떻게 될까요? 억지로 분량을 채우기 위해 말도 안 되는 이야기를 반복하거나 지루하게 늘어놓고, 불필요한 수식을 덧붙이는 꼼수를 쓸 수밖에 없습니다. 당연히 맥락 없는 글, 이해하기 어려운 글이 만들어집니다. 어떤 주제를 어떻게 풀어가야 할지 쓰는 사람조차 모르니, 글의 행간을 파악하려는 독자의 고통은 이만저만이 아닙니다. 이런 글은 독자에게 피곤함만 줄 뿐이죠. 따라서 글을 쓰기 전 충분한 글감과 소재를 확보하는 일부터 시작해야 합니다.

글쓰기가 어렵고 두렵게 느껴지는 이유가 하나 더 있습니다. 기존에 없는 새 이야기를 써야 한다는 부담입니다. 글쓰기가 창작의 영역이기 때문에 세상에 없는 신선하고 새로운 내용, 나만 아는 이야기를 써야 한다고 생각하기 쉽습니다. 물론 일부 옳은 이야기지만, 고정관념입니다. 세상에 완벽히 새로운 것은 없습니다. 대부분 기존의 것 80%, 내가 아는 것 20%를 섞어 새로운 것이 만들어지곤 합니다. 대표적인 예로 논문을 살펴볼까요? 정말로 뛰어난 논문일지라도 기존의 학설과 이야기가 60~70% 차지하고 나머지 30~40%가 나의 주장입니다. 기존에 없는 새로운 연구도 사실 기존 연구를 바탕으로 하는 역설이 존재합니다. 새로운 글도 기존의 글을 기초로 해서 만들어지죠. 그런 의미에서 대부분의 글쓰기는 기존의 것을 검색, 수집, 정리하는 행위가 기본 활동이 된다고 볼 수 있겠습니다. 다만, 논문의 경우 우리가 꼭 알아야 할 이야기가 있습니다. 논문은 기존 연구자들의 실험이나 성과를 토대로 나의 새로운 주장을 강조하여 덧붙이는 학문의 영역입니다. 간혹 사회적으로 이슈가 되는 논문표절은 기존 저자 연구 성과의 출처를 밝히지 않거나, 내가 하지도 않은 연구와 실험을 마치 내가 한 것처럼 거짓말한 일이 들통 나 문제가 되곤 합니다. 타인이 애써 만든 성과를 출처 표기도 없이 사용해서는 절대로 안 될 일입니다(56쪽 「교육인적자원부 논문표절 가이드라인」 모형 참조).

가장 창의적인 글쓰기인 소설은 100% 창작일까요? 작가는 독자들이 공감하는 세상 어딘가에 있을 법한 인물과 상황을 이야기의 뼈대로 삼고 여기에 상상력이라는 살을 붙여 소설을 완성합니다. 물론 독자들은 소설 속 이야기와 등장인물에 흠뻑 빠져들어 내가 충분히 공감하는 내용일 경우 그 소설과 작가에 박수를 보냅니다. 나에게 충분히 벌어질 법한 그럴 듯한 이야기라는 점에 주목합시다. '그럴 듯한', '주변에서 벌어질 법한' 등의 표현은 어딘가에 존재할 듯한, 누구나 그런 일을 경험해 봄직한 기존의 이야기들이라는 의미입니다. 소설뿐 아니라 글로 기록하고 표현하는 여러 장르의 글도 80%쯤은 기존 내용과 자료로 채워집니다.

- 독후감: 책의 내용을 추려 80%를 채우고, 나머지 20%를 감상평으로 채운다.
- 수필: 일상에서 겪은 에피소드가 80%를 차지하고, 나머지 20%를 감상으로 채운다.
- 사설: 어떤 사건이나 현상, 상황을 추려 80%를 채우고, 나머지 20%를 비평한다.
- 그 밖에 평전이나 일기, 오늘날 SNS 업로드용 짧은 글들도 마찬가지다.

결국 기존 이야기(80%)를 어떻게 해석해 정리(20%)하느냐가 글쓰기의 핵심이 됩니다. 저는 이것을 '글쓰기 80:20 법칙'이라고 부릅니다.

글쓰기 80:20 법칙

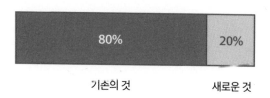

80%	20%
기존의 것	새로운 것

자, 어떤가요? 우리가 글로 써야 할 내용이 80%나 있다면 글쓰기가 쉽겠죠. 새로운 내용을 써야 한다는 부담을 내려놓고 편한 글쓰기를 시작할 수 있다고 생각해보세요.

글쓰기에서는 기존의 이야기 80%를 수집해 정리하는 일이 중요합니다. 글의 나머지 20%는 나의 생각과 판단을 체계적으로 정리하여 창의적인 시각으로 채웁니다. 물론 여기서 소개하는 숫자 80%, 20%는 상징적일 뿐, 절대적인 숫자가 아닙니다. 꼭 80% 대 20%이 아니라 70% 대 30% 비율일 수도 있겠죠. 글감을 80% 숫자로 제시한 이유는 여러분이 글을 쓸 때 '새로운 내용을 창작해서 채워야 한다는 부담에서 자유로워지자'는 상징적 의미로 이해하시기 바랍니다.

04 _ 많은 분량의 글쓰기

만약 여러분이 짧은 글쓰기를 넘어 제법 두꺼운 책을 쓰고 싶다면 기존의 것을 수집하고 정리하는 일에 더 큰 관심을 가져야 합니다. 분량이 짧은 칼럼, 에세이, 보고서와 달리 책은 많은 분량의 글이 필요합니다.

저의 경험을 공유하자면, 출판사에서는 적어도 'A4 용지 10포인트 기준 100장 분량의 원고'를 요구합니다. 이 정도 분량이 되어야 책의 꼴을 맞출 수 있다고 조언하죠. '세상에 A4 100장이라니! 실제로 가능한 일입니까?'라며 놀라는 분도 많습니다. 그런데 더욱 놀라운 점은 무려 100장이 최소 기준이라는 사실입니다. 언제 채워질지 모를 백지에다 순전히 나만의 생각, 새로운 내용으로 채울 수는 없습니다. 물론 불가능한 일은 아니지만, 비효율적입니다. 정성과 시간을 들여 100장을 채웠더라도 그 내용은 독자들이 열광하고 좋아할 만한 이야기가 되지 못할 가능성이 큽니다. 어쩌면 지루하고 반복된 이야기로 가득 찰 가능성도 있습니다. 결국 기존의 자료와 정보를 얼마나 수집하여 나의 창의적인 생각과 잘 연결하느냐가 관건입니다.

앞에서 가장 창의적인 글, '소설'을 언급했습니다. 그런데 100% 창작물인 소설은 세상에 없습니다. 놀라운 사실은 문학작품일지라도 모든 내용을 작가가 새롭게 창작하지 않는다는 점입니다. 유명 작가들은 한 편의 소설을 완성하기까지 엄청난 노력과 시간을 들여 방대한 자료를 조사, 수집합니다. 자료조사와 수집에 몇 년씩 걸리기도 한답니다. 다만 소설 작가들은 논문이나 보고서 등에서 볼 법한 레퍼런스를 제시하지 않을 뿐입니다. 왜? 소설이니까요! 국내에 두터운 팬을 확보한 소설가 무라카미 하루키는 글쓰기를 이렇게 고백합니다.

"소설을 쓰려고 할 때, 나는 온갖 현실적인 소재들을 – 그런 것이 가령 있다면 – 커다란 냄비에 집어넣고 마구 뒤섞어서 원래 모습을 알아볼 수 없게 될 때까지 용해시킨 후 그것을 적당한 형태로 잘라내어 사용한다. 소설이라는 것은 많건 적건 그러한 것이다. 리얼리티라는 것도 그러한 것이다. 빵집의 리얼리티는 빵 속에 존재하는 것이지, 밀가루 속에 있는 것이 아니다."

– 《무라카미 하루키 단편 걸작선》 작가의 말 중에서

작가 하루키는 '세상에 널린 온갖 소재를 뒤섞어 원래 모습을 못 알아보도록 가공하는 일'이 소설이라고 말합니다. 그런데 여기서 우리가 주의할 것이 있습니다. 기존 자료와 정보를 자신의 생각으로 재해석하지 않은 채 똑같이 베끼면 안 됩니다. 모르고 그랬다면 바보, 알면서도 그랬다면 사기꾼이죠. 다른 사람의 글을 똑같이 베끼거나 옮기면 범죄가 됩니다. 기존의 글과 정보를 나의 생각의 틀 안에서 재해석한 후, 나의 언어로 바꾸어 글을 쓰는 작업이 이루어져야 합니다.

하루키가 밝혔듯 원래 모습을 알아볼 수 없을 때까지 분해하고 재가공하는 노력이 뒤따라야 합니다. 누가 보더라도 새로운 창작물로 느껴지도록 재가공하고 바꾸어야 나의 언어, 글이 됩니다. 글쓰기 80:20 법칙을 활용할 때 바보나 사기꾼이 되지는 말아야 할 것입니다.

한 가지 더! 좋은 글을 쓰고 싶다면 많이 생각하고, 많이 읽고, 많이 써봐야 합니다. 글쓰기는 꾸준함과 부지런함이 뒷받침되어야 하는 일입니다. 많은 자료와 정보를 수집해, 엉덩이 눌러앉히고 꾸준히 써봅시다. 이것이 글쓰기의 전부라 해도 절대 지나친 말이 아닙니다.

05 _ 모방, 필사, 독서

"모방은 창조의 어머니다!
우리가 만드는 모든 예술은 모방을 거쳐 만들어진다."

세상 모든 학문의 원류, 백과사전이라 불리는 아리스토텔레스(Aristoteles)가 남긴 말입니다. 사람들이 좋은 아이디어를 원할 때 종종 사용하는 도구가 '검색'입니다. 검색에는 여러 경로가 있습니다. 컴퓨터로 웹서핑을 하거나, 관련 서적을 뒤적이거나, 다른 사람의 생각을 묻기도 합니다. 모든 것이 검색입니다. 아이디어가 필요할 때 우리가 검색에 매달리는 이유는 모방(模倣)을 염두에 두기 때문입니다. 배우고 참고하며 따라할 만한 내용을 주변에서 찾는 것입니다. 창의적인 아이디어를 만드는 대표적인 방법 중 하나가 모방입니다.

그런데 아리스토텔레스의 조언이 타인의 것을 고스란히 베끼라는 뜻은 절대 아닐 겁니다. 아리스토텔레스에 따르면, '모방이 곧 학습이고 경험이며 배우는 일'입니다. 그런데 사람들은 '모방'이라는 말에 거부감을 갖죠. 그 이유는 왠지 '모방 = 표절'이라는 이미지가 떠오르기 때문입니다. 표절(剽竊)을 다른 말로 하면 표적(剽賊)입니다. 앞에서도 표절에 대해 소개했듯이 표절은 타인의 노력과 능력을 내 것인 것처럼 속이는 행위니까 나쁜 일입니다. 그러나 모방은 다른 사람이 하는 것을 보고 배우는 학습의 한 종류입니다. 글쓰기에도 모방이 도움이 됩니다. 사실, 사람들이 무엇인가를 배우고 학습하는 모든 과정을 모방으로 볼 수 있습니다. 이처럼 모방과 표절의 의미는 엄연히 다른데, 〈국어사전〉에는 두 단어를 이렇게 설명합니다.

> **모방**: 다른 것을 본뜨거나 본받음
> **표절**: 글, 노래 따위를 지을 때에 남의 작품의 일부를 몰래 따다 씀

모방 말고도 글쓰기를 돕는 또 다른 방법이 있습니다. 다른 이의 글을 그대로 베끼는 '필사'가 그것입니다. 유명 작가의 글을 고스란히 옮겨 원고지나 종이에 적는 일이 필사입니다. 요즘처럼 키보드 자판으로 옮기는 타이핑도 넓은 의미에서 필사의 종류로 볼 수 있습니다. 글을 잘 쓰려면 많은 글을 읽는 것이 도움이 된다는데, 백 번 읽는 것보다 한 번 옮겨 쓰는 필사가 효과적

인 글쓰기 공부라고 말하는 분들도 있습니다. 마치 노래를 잘 부르고 싶은 사람이 좋아하는 가수의 노래를 완벽히 따라 부르거나, 춤을 잘 추고 싶은 사람이 유명 댄서의 춤을 그대로 따라하듯 글을 따라 쓰는 필사 역시 학습의 영역입니다. 이를 잘못된 일, 범죄라고 말하지 않습니다. 나보다 잘하는 사람의 행위를 따라 하며 몸에 익혀가는 학습으로 볼 수 있습니다.

여러분이 글을 쓸 때 특히 좋은 표현, 문장력을 키우고 싶다면 글발 좋은 작가의 문장을 똑같이 베껴 써보는 일도 도움이 됩니다. 기존의 내용을 똑같이 따라 쓰는 일이 쉽다고 생각하겠지만, 필사는 생각보다 어렵습니다. 그래서 혹자는 '전문 작가가 되겠다고 결심한 것이 아니라면, 필사 작업을 권하지 않는다'라고 말합니다.

그런데 필사보다 여러분이 쉽게 실천할 수 있는 일이 있습니다. 바로 독서입니다! 독서의 경우 같은 책을 5번쯤 반복해서 읽으면 내 글의 표현과 문장력 향상에 많은 도움을 얻습니다. 우리가 살면서 경험하는 좋은 것들… 이를테면 기분 좋아지도록 만드는 멋진 향기, 사진으로 남겨야 할 것만 같은 풍광, 가슴 철렁한 느낌을 주는 표현력 등을 표현한 글은 의식적으로든 무의식적으로든 우리 기억에 남게 마련입니다.

반복적인 독서를 통해 좋은 표현으로 이루어진 문장에 익숙해지면, 우리가 무심코 사용하는 말(언어)로 나타납니다. 생각이 말이고 말은 곧 글로 이어집니다. 따라서 마음에 드는 표현이나 문장이 독서를 통해 저장되어 있다가 의식적으로든 무의식적으로든 나의 글쓰기에 보태어질 때가 많습니다. 제가 독서를 새삼 강조하는 이유도 바로 여기에 있습니다. 필사가 힘들다면 독서에 관심을 가져야 합니다. 좋은 글을 접해본 사람이 좋은 글을 쓸 확률이 높습니다.

06 _ 파레토 법칙

핵심이 되는 20%가 전체 결과의 80%를 만든다는 '파레토의 법칙'을 독자 여러분도 한번쯤은 들어보셨을 겁니다. 제가 지금 소개하는 글쓰기 80:20 법칙은 파레토의 법칙과 전혀 관련이 없습니다. 제가 의도적으로 '80:20'의 숫자만 빌려서 표현한 이야기입니다.

저는 개인적으로 파레토의 법칙인 80:20 법칙을 아주 좋아합니다. 어떤 원인의 20%가 전체 결과의 80%를 만든다는 80:20 법칙을 의도적으로 모방하여 글쓰기 80:20 법칙이라는 이름을 붙여본 것이죠.

몇 년 전, 제가 쓴 칼럼 중에 '나는 욕망한다. 그러므로 나는 존재한다'라는 글이 있습니다. 이는 스피노자(Spinoza)가 르네 데카르트(Rene Descartes)가 남긴 명언 '나는 생각한다. 그러므로 나

파레토의 법칙(Law of Pareto)

이탈리아 경제학자 빌프레도 파레토(Vilfredo Pareto)는 다양한 통계를 통하여 '투입한 시간과 노력의 20%가 전체 결과의 80%를 만든다'는 것을 발견했다. 어떤 원인의 20%가 80%의 결과를 만들었다는 이야기다. 이 법칙을 보여주는 사례를 몇 가지 소개한다.

- A백화점에서 100명의 고객이 100만 원어치의 상품을 구매했다면, 1명이 1만 원씩 소비했다는 생각보다 20명이 80만 원어치를 샀다고 보는 것이 현실적이다. 그래서 A백화점은 VIP 고객을 관리한다.

- L기업의 영업사원 100명이 100억 원의 연매출을 올렸다면, 1명이 1억 원씩 매출을 올렸다는 생각보다 직원 20명이 80억 원의 매출을 올렸다고 보는 것이 현실적이다. 그래서 L기업은 핵심 인재 20명을 집중적으로 관리한다.

- K대학교의 기숙사에서 100명의 학생이 일주일에 100병의 맥주를 마셨다면, 1인당 1병씩 마셨다고 생각하기보다 20명이 80병의 맥주를 마셨다고 생각하는 것이 현실적이다. 그래서 기숙사를 관리하는 사감은 문제를 일으킬 가능성이 높은 20명의 블랙리스트를 만든다.

는 존재한다(Cogito, ergo sum)'를 의도적으로 차용하여 만든 말입니다. 스피노자는 데카르트의 말 중에서 '생각'이라는 단어 대신에 '욕망'을 넣었습니다. 데카르트는 생각의 중요성을 강조한 반면에 스피노자는 욕망이라는 단어 속에 포함된 긍정을 강조하고자 저런 말을 남겼습니다. 대표적인 모방의 사례라고 볼 수 있겠군요.

여러분도 데카르트가 남긴 명언을 패러디하여 그럴 듯한 제목을 얼마든지 만들 수 있습니다. 기억하시나요? 조금 전에 저는 '패러디는 기존의 것을 모방하여 변형시킨 후, 웃음과 해학을 전달하려는 목적이 있다'고 소개했습니다.

나는 ☐한다. 그러므로 존재한다

내 삶에서 중요한 의미가 되는 키워드를 찾아서 데카르트의 명언에 붙여 패러디를 하면 재미있을 것 같습니다.

달리기 선수: '나는 달린다, 그러므로 나는 존재한다.'
얼리 어덥터: '나는 사용한다, 그러므로 나는 존재한다.'
먹방 유투버: '나는 먹는다, 그러므로 나는 존재한다.'
작가 지망생: '나는 쓴다, 그러므로 나는 존재한다.'

유명한 인물의 명언을 활용한다면, 카피 또는 중간 제목으로 만들면 효과적입니다. 또한 쓰고 싶은 이야기가 많은데 어떻게 풀어가야 좋을지 고민이 될 때에도 이 같은 모방이 좋은 아이디어가 될 수 있습니다. 우리가 모방을 더욱 잘 활용하려면 다른 사람의 글을 유심히 읽고 메모하며 관찰할 필요가 있습니다.

누군가의 글을 읽으며 기억에 남는 문장이 눈에 띄면 유심히 살펴보세요. 그리고 내가 써야 하는 글과 비슷한 글을 찾아서 읽는 것도 권장합니다. 어떤 구조로 글을 썼는지도 눈여겨보시기 바랍니다. 일례로 에세이를 쓰고 싶다면 유명 에세이 작가의 글을 살펴보면 도움이 될 것입니다. 비록 남의 글이지만 관찰을 통해 나의 글쓰기에 도움을 받습니다. 특히 모방은 글쓰기에 막혔을 때 유용합니다.

07 _ 글의 존재 이유

　　　　58쪽에서 소개한 '글쓰기 80:20 법칙'
은 세상에 있는 내용으로 80%를 채우고 나머지 20%를 새로운
내용으로 채우자는 글쓰기 아이디어입니다. 실제로 많은 작가들,
글을 쓰는 사람들이 이 방법을 활용합니다. 쓸 만한 내용이 80%
나 있다면 부담이 덜하겠죠. 글쓰기가 고단하고 어려운 작업이
아님을 일깨워줍니다. 그렇다면 이제 내가 쓴 글의 존재 이유에
대해 생각해볼 차례입니다. 내 글의 존재 이유는 무엇일까요?

　우리가 쓰는 글의 존재 이유는 기존 내용 80%가 아닌, 새롭
게 채워나갈 20%에 포함됩니다. 나의 관점과 생각으로 정리한
20%의 글이야말로 내 글의 가치를 더하고 새로운 생각거리를
제시하는 존재 이유입니다. 기존의 80% 내용과는 달리 나의 해
석과 생각으로 채운 20%에 통찰력과 새로운 깨달음, 정보를 제
시해야 의미 있는 글이 됩니다.

글쓰기 80:20 법칙

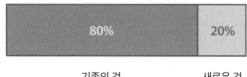

80%	20%
기존의 것	새로운 것

나만의 관점으로 제시할 것
차별화 포인트
내 글의 존재 이유

"천재는 99%의 노력과 1%의 영감으로 만들어진다."

발명왕 에디슨이 남긴 말 속에는 몇몇 사람들만 아는 비밀이 있습니다. 에디슨을 인터뷰한 어떤 기자가 99%의 노력을 강조하며 기사를 썼답니다. 얼마 후 에디슨은 자기 의도와 다르게 기사가 나갔다고 밝혔습니다. 에디슨은 '99% 노력이 있더라도 1% 영감이 없으면 아무 소용없으며, 1% 영감을 갖는 것이 중요하다'고 인터뷰에서 밝혔습니다. 그러나 우리는 에디슨의 생각과 달리 99% 노력이 중요하다고 믿으며 삽니다. 에디슨은 누구나 할 수 있는 99% 노력보다 나만의 영감 1%가 중요하다는 조언을 하고 싶었던 겁니다. 자 어떤가요? 사람들은 오랜 시간 에디슨이 전하고 싶었던 진실과는 다른 이야기를 믿고 살아왔습니다.

에디슨의 의도를 글쓰기 80:20 법칙에 적용하면, 기존 내용으로 글의 80%를 채우는 일은 누구나 할 수 있어도 그것으로는 부족합니다. 내 글의 존재 이유인 영감이 없기 때문입니다. 독자들이 내 글에 감동받고 뜨거운 찬사를 보내는 이유는 나의 생각과 관점으로 정리한 20%의 글 때문입니다. 양이 비록 적을 수는 있어도 내 생각과 영감으로 정리한 20%의 글이 핵심이 되니까 그렇습니다.

우리는 글쓰기 80:20 법칙을 여러 곳에 적용할 수 있습니다. 글쓰기와 관련하여 아래와 같은 이야기를 그럴 듯하게 만들 수도 있겠죠.

"우리 내면에 존재하는 선(善) 20%가 우리 내면의 악(惡) 80%를 억눌러준다!"
"긍정적인 이야기는 20%만 기억하고, 부정적인 이야기 80%를 기억하는 것이 인간이다!"

저 역시 '80:20 법칙'을 종종 모방하여 글쓰기에 사용합니다. 예컨대 어떤 일을 할 때 안정적인 것 80% 도전적인 것 20%을 하면 좋다는 뜻으로 '삶의 80:20 법칙'을 강조한 글이 있죠. 또 '프레젠테이션 80:20 법칙'도 있는데, 청중을 상대로 발표할 때 상대가 아는 이야기 80%, 모르는 이야기 20%가 좋은 비율이라는 뜻입니다. 사람들은 익숙한 80% 이야기를 들으며 내용을 이해하고, 새로운 이야기 20%를 접하면서 참신함을 느낍니다.

08 _ 유대인 선생님의 질문

　　　　　　　검색과 자료 수집으로 글감과 소재를
80% 모았다면, 내 글의 존재 이유인 20% 채우기 활동에 들어갈
순서입니다. 20% 내용은 내 생각으로 새롭게 채워야 합니다. 이
때 중요한 것이 독립적 사고입니다. 독립적 사고란 남의 생각에
휘둘리지 않는 나의 생각이죠. 익숙하고 잘 알려진 제안이나 시
각이 아닌, 나만의 관점을 글에 담는 것을 의미합니다. 사회적 동
물인 인간은 누구나 타인의 생각에 영향을 받으며 삽니다. 내가
어떤 주제에 대해 독특하고 주체적인 생각을 했더라도, 그 생각
안에는 분명 타인의 의견과 생각이 영향을 주었을 것입니다. 직
간접적으로 알게 모르게 영향을 받은 생각인 거죠. 사실이 그렇
더라도 휩쓸리지 않고 최대한 독자적으로 내 목소리를 가지려는
노력이 중요합니다. 이런 활동이 글의 차별화를 만듭니다.

　　그렇다면 구체적으로 어떻게 해야 나만의 시각과 독립적인

사고가 가능할까요? 가장 좋은 방법은 다름 아닌 질문의 활용입니다!

　우리의 생각은 질문과 답으로 구성됩니다. 질문이 없으면 생각도 없습니다. 나만의 생각은 질문에서 시작됩니다. 언젠가 텔레비전에서 유대인들의 교육법을 다룬 다큐멘터리를 보았습니다. 유대인들은 유난히 질문을 중요하게 여긴다는데요, 학교 선생님이 학생에게 가장 많이 하는 말이 제 예상과 달랐습니다.

מה אתה חושב?

[마따호세프]

너의 생각은 무엇이니?
What do you think?

　유대인들은 듣고 이해하고 외우는 일을 공부라고 생각하지 않습니다. 그들에게 공부란 '자신의 생각을 갖는 일'입니다. 학교 선생님들은 학생에게 지식을 전달하고 이해시키는 일에 중점을 두기보다 학생 스스로 생각하고 자기 의견을 갖도록 이끄는 역할을 합니다. 그래서 유대인 선생님은 학생에게 '너의 생각이 무엇이니?'라고 끊임없이 묻습니다. 선생님은 질문을 통해 학생이 남의 이야기나 정보에 의존하지 않고 스스로 의견을 갖도록 유도합니다. 물론 어린 학생의 생각이 유치하거나, 앞뒤 안 맞는 엉뚱한 이야기일 수도 있습니다. 그렇더라도 유대인 선생님은 학생을 무시하거나 반박하지 않고, 학생 스스로 깨우칠 수 있도록 시간을 주며 기다립니다. 그리고 좀 더 적당한 질문을 던짐으로써 학생이 기존과 달리 생각하도록 지도합니다. 꽤 인상적인 방송이었습니다.

글쓰기에도 질문이 무척! 중요합니다. 우리는 스스로에게 '너는 어떻게 생각해?', '너의 생각은 무엇이니?'라고 질문해야 합니다. 질문은 다른 사람의 이야기를 글로 전달만 하는 것에서 벗어나, 나의 생각이 잘 깃든 글쓰기로 이끌어줍니다. 존재 의미가 있는 글이 되는 건 두말 할 것도 없습니다.

09 _ 질문 만들기 연습

그렇다면 질문은 어떻게 만들까요? 질문 만들기 연습을 간략히 소개하기 전, 왠지 '질문'이라고 하면 자연스럽게 떠오르는 인물이 있을 겁니다. 최근 대한민국 국민 모두가 형님이라고 부르게 된 소크라테스(Socrates)입니다. 정보 컨설턴트 제임스 파일과 커뮤니케이션 전문가 메이얼 커린치의 책 《질문의 힘(Find Out Anything from Anyone, Anytime)》은 '제대로 질문하는 방법'을 강조합니다. 저자들은 2500년 전 인물 소크라테스를 현재로 소환했고, '소크라테스의 질문법'이라는 과목을 만들어 하버드 경영대학원(MBA)에서 가르치는 것으로 유명합니다. 여러분도 알다시피 소크라테스는 끊임없는 질문으로 답변을 유도함으로써 희랍 젊은이들의 지각을 일깨우는 일로 평생을 보냈습니다.

"소크라테스는 강의와 훈계 대신 사고를 자극하는 심오한 질문을 던지는 방식으로 제자들을 가르쳤다. 소크라테스는 천천히, 하지만 확실하게 문제의 핵심에 다가갔다."

– 《질문이 답을 바꾼다》 중에서

효과적인 질문은 적극적인 사고를 길러줄 뿐 아니라, 깊이 있고 의미 충만한 대화를 나눌 수 있도록 해줍니다. 제가 존경하는 모 교수님은 '질문의 크기가 그 사람의 크기'라고 말하며 틈이 날 때마다 질문의 필요성을 강조하십니다. 그 교수님 말씀에 백 번 공감합니다. 질문의 크기와 수준을 통해 그 사람의 크기와 수준을 가늠할 수 있죠. 그런데 여기서 한 가지 의문이 생깁니다. 왠지 우리는 질문이라고 하면 남에게 묻는 행위로만 여깁니다만 절대 그렇지 않습니다. 자기 자신에게 해보는 질문도 나를 성장시키는 밑거름입니다. 그렇다면 나에게 어떤 질문을 해야 좋을까요? 이 질문에 막막함을 느꼈다면, 일단 어떤 이슈를 하나 고른 후 이것저것 자신에게 물어봅시다. 좋은 아이디어를 떠올리듯 여러 가지 질문을 직접 만들어 스스로에게 묻는 것입니다. 구체적인 방법은 빈칸을 그리고 해당 이슈와 관련 있는 질문으로 빈칸을 채우는 겁니다.

한 가지 이슈 주위에 8개 칸이 있습니다. 각 빈칸을 질문으로 만들어 채울 때, 답을 미리 생각하지 않아도 됩니다. 답은 나중에

질문 만들기

글을 쓰는 목적이 무엇인가?	어떤 사람에게 도움이 될까?	내용이 비슷한 글이 있을까?
□□와 ○○를 연결하면 어떨까?	글쓰기	참고할 만한 사례가 있을까?
쉽고 재미있게 써야 효과적일까?	어렵고 전문적인 내용이 필요할까?	글을 쓸 때 가장 큰 어려움이 무엇일까?

생각하고 일단 질문부터 만들어봅시다. 질문 개수는 꼭 8개가 아니어도 됩니다. 그러니까 10개 질문도 상관없겠죠. 답을 못 찾는 질문이 나올 수도 있지만, 질문은 질문 자체로 의미가 있습니다. 어떤 이슈에 대한 질문을 모두 만들었다면, 만들어진 질문을 눈으로 살펴보세요. 질문을 만들어 눈으로 확인하는 작업은 새로운 시각의 발견, 차별화된 생각의 창출을 이끌어줍니다.

효과적인 질문의 힘

- 확신, 감정, 명령 투의 말 대신 효과적으로 질문하라.

"이번 프로젝트는 반드시 성공시켜야 해요." (X)
"프로젝트 성공을 위해 우리가 더 챙겨야 할 것들이 있을까요?" (O)

"또 실수를 했군요. 정신을 어디 두고 일하는 겁니까?" (X)
"요즘 실수가 잦은 편인데, 혹시 집에 무슨 일이라도 있나요?" (O)

"3시간 후까지 보고서를 만들어오세요." (X)
"다른 업무와 겹치지 않으려면 빨리 검토해야 하는데…
3시간 후 가능할까요?" (O)

- 모호한 이야기 대신 핵심 질문을 던져라.

"사람들은 좋은 글을 좋아합니다."
"좋은 글이란 무엇일까요? 스토리입니까? 구성입니까?"

《질문의 힘》이라는 책에는 위와 유사한 이야기가 실려 있다. 나는 글쓰기 80;20 법칙을 활용한 글쓰기 사례로 기존 내용을 새롭게 가공해 이 책에 맞는 새로운 상황을 만들었다. 요점은 이렇다. 어떻게 질문할 것인가? 질문이 효과적인가? 좋은 질문이 갖는 힘은 우리 생각보다 세다. 당연히 좋은 질문은 좋은 글쓰기를 위한 기초가 된다. 스스로에게 효과적인 질문을 던져보자.

10 _ 서로 다른 것들의 연결 ①

"창의성이란 단지 연결하는 것이다!"
Creativity is just connecting things.

창의성을 잘 표현하는 단어가 '연결하기'입니다. 기존의 것들을 연결하면 새롭고 독특한 것이 만들어집니다. 서로 안 어울릴 것 같은 것들을 하나로 묶으면 생각지 못한 놀라운 결과가 만들어지곤 합니다. 창의적인 글을 쓸 때에도 전혀 상관없을 듯한 두 내용을 하나로 연결하면 도움이 됩니다. 이 주장을 뒷받침하는 글이 있습니다. 러시아의 문호 톨스토이의 소설《안나 카레니나》의 첫 문장입니다.

"행복한 가정은 모두 엇비슷하지만,
불행한 가정은 불행한 이유가 제각기 다르다."

행복한 가정은 가족의 화목, 돈, 건강 등의 분야에서 어려움 없이 일정 수준 이상의 조건을 갖추며 살아갑니다. 반면에 불행하고 어려움을 겪는 가정은 이들 요소 중 하나 이상의 문제로 불행을 경험합니다. 그런데 톨스토이의 저 문장은 인간의 빅히스토리(big history)를 다룬 제러드 다이아몬드(Jared Mason Diamond)의 베스트셀러 《총.균.쇠》에서도 만날 수 있습니다. 제러드 다이아몬드는 인간이 많은 야생동물 중 어떤 동물은 가축으로 만들고, 어떤 동물은 가축으로 만들지 못했는지를 설명하며 톨스토이의 문장을 인용합니다. '안나 카레니나의 법칙'이라고 부르며 말입니다.

"가축화할 수 있는 동물은 모두 엇비슷하고,
가축화할 수 없는 동물은 가축화할 수 없는 이유가 제각기 다르다."

제러드 다이아몬드는 거의 학술서에 가까울 만큼 인간의 역사를 다루면서 동물을 가축화한 과정을 쉽게 설명하고자 톨스토이 소설을 인용했습니다. 서로 다른 분야의 책이지만 제러드의 창의력이 발휘되어 독자는 어려운 내용을 쉽게 이해할 수 있죠. 이런 창의적 시도가 책 곳곳에 녹아 있어 신선한 독서 경험을 세공합니다. 《총.균.쇠》가 베스트셀러에 오를 수 있었던 비결 중 하나라고 저는 평가합니다.

서로 상관없는 것들을 연결하면 새롭고 창의적인 것을 만들 수 있습니다. 글쓰기에서도 어려운 내용을 쉽게, 뻔한 내용을 흥미롭게 만드는 기술이 '연결하기'입니다. 창의적인 글의 사례로 과거에 제가 쓴 마케팅과 브랜드 관리 컬럼 중 일부를 제시합니다. 마케팅과 브랜드에 관한 설명을 하면서 성경 속 잠언 이야기를 연결한 글입니다. 상관없는 두 이야기를 연결하니까 창의적인 글로 변했습니다! 저뿐 아니라 여러 작가들의 수많은 글들 또한 서로 다른 것을 연결하여 만들어집니다.

마케팅과 브랜드의 연결

"타인이 너를 칭찬하게 하고 네 입으로는 하지 말며, 외인이 너를 칭찬하게 하고 네 입술로는 하지 말지니라." - 《성경》 잠언 27장 2절

사람들은 자신의 제품을 홍보하고 팔기 위해 '우리 제품은 이런 면에서 뛰어나다!'는 말을 쏟아낸다. 소비자는 그 말에 현혹되어 제품을 사는 게 아니다. 오히려 과장 광고는 반감만을 준다. 자신의 제품을 칭찬하는 대신 그 제품을 사용해본 소비자가 '써보니까, 정말 좋다'는 칭찬이 사람들에게 어필한다. 마케팅이나 브랜드 관리도 그렇고 개인의 퍼스널브랜드도 마찬가지다. 나 스스로 잘났다고 말하는 순간, 인정받을 수 있는 기회가 멀리 달아난다. 인정은커녕 한심하다는 비난을 받기도 한다. 나의 평판은 다른 사람의 입에서 시작되는 법이다. 마케팅이나 브랜드 관리, 그리고 평판을 관리하고 싶다면 잠언 27장 2절의 이야기를 잊지 마라.

11 – 서로 다른 것들의 연결 ②

무지개 색깔은 정말 7개가 맞을까요? 우리는 무지개 색깔이 '빨주노초파남보' 7개라고 배웠습니다. 그러나 무지개 색은 그 경계를 명확하게 구분할 수 없습니다. 그래서 몇몇 나라에서는 무지개 색이 5개, 또 어떤 나라에서는 무지개 색이 6개라고 합니다. 그러나 우리는 모두 무지개 색이 7개라고 말합니다. 우리가 이런 생각을 갖게 된 배경에는 과학자 아이작 뉴턴(Issac Newton)의 역할이 컸습니다.

1668년, 24세의 젊은 뉴턴은 케임브리지 대학교 실험실에서 벽의 조그만 구멍을 통해 들어오는 빛을 프리즘으로 반대편 벽에 비추었습니다. 프리즘을 통과해 눈에 보이는 빛이 무지개 색깔이었습니다. 세상의 어떤 일이든 통일된 하나의 원리가 존재한다고 믿었던 뉴턴은, 무지개 색을 보며 음악의 한 옥타브인 '도레미파솔라시'를 떠올렸습니다. 그리고 음악에서 사용하는 한

옥타브를, 프리즘을 통과한 빛 7개 색에 대입했습니다. 무지개처럼 보이는 색들은 정확한 경계가 없지만 뉴턴은 귀로 들리는 음악과 눈으로 보는 색을 연결함으로써 현재 우리가 진실로 믿는 7개 무지개 색깔 이야기를 만들어냈습니다. 서로 다른 것을 연결해 새로운 것을 만든 뉴턴이었죠!

서로 다른 것들의 연결 사례를 더 살펴볼까요? 지금도 전 세계가 코로나19 바이러스로 고통을 받고 있습니다. 바이러스 발발 초기, 확진자가 늘어날수록 바이러스에 걸린 사람들에 대한 혐오 섞인 이야기가 세상에 유통되었습니다. 국내 한 신문사에서는 비이성적인 인간 혐오를 하지 말자는 글을 게재했습니다.

혐오가 중국인들을 덮쳤을 때,
나는 중국인이 아니므로 침묵했다.
그 다음 신천지를 덮쳤을 때,
나는 신천지가 아니므로 침묵했다.
그 다음 대구를 덮쳤을 때,
나는 대구가 아니었기에 침묵했다.
그리고 혐오가 나에게 왔을 때,
나를 위해 말해 줄 이들이
아무도 남아 있지 않았다.

– 2020년 3월 11일 〈한겨레신문〉 그림판

시의적절하고 좋은 글입니다. 하지만 위의 기사는 완벽한 창작이 아닙니다. 기사는 과거에 누군가가 쓴 글을 현재 상황에 맞추어 적절히 연결한 것입니다. 의도적으로 모방한 것이죠. 글을 쓴 기자는 기사의 재료가 된 마틴 니묄러(Martin Niemöller) 목사의 시 〈나는 침묵했다〉를 코로나 상황과 연결해 독자들에게 소개했던 겁니다.

〈나는 침묵했다〉

나치가 공산주의자들을 잡아갈 때,
나는 침묵했다.
나는 공산주의자가 아니었기에.
그들이 사회민주당원들을 감금했을 때,
나는 침묵했다.
나는 사회민주당원이 아니었기에.
그들이 노동조합원들을 잡아갈 때,
나는 침묵했다.
나는 노동조합원이 아니었기에.
그들이 유태인들을 잡아갈 때,
나는 침묵했다.
나는 유대인이 아니었기에.
그들이 나를 잡아갈 때,

나를 위해 항의해 줄 이들이,
아무도 남아 있지 않았다.

글을 쓸 때, 서로 다른 것들의 연결 사례로 기억하면 유용할
것 같습니다. 기존의 것들을 최근의 상황이나 이슈와 연결했을
뿐인데, 시의적절하고 창의적인 글이 만들어집니다.

12 _ 창의성 공식 : A+B=C

내용이 다른 이야기를 잘 연결하면 창의적인 글이 됩니다. 단순하면서도 쉬운 방법이죠. 이를 글쓰기 공식으로 표현하면 'A+B=C'입니다. 평범한 A와 B를 연결하여 새로운 C를 만드는 수식입니다. 우리나라 국민간식이 초코파이입니다! 초코파이는 빵과 초콜릿, 마시멜로 등을 섞어서 만드는데요, 창의적인 글을 생각할 때 초코파이를 떠올리면 이해가 쉬울 것 같군요.

저는 서로 다른 글을 연결하여 새로운 글을 만드는 것을 '초코파이 법칙'이라고 부를까 합니다. 초코파이 법칙의 이해를 돕는 시가 있습니다. 김인육 시인의 〈사랑의 물리학〉을 함께 감상해봅시다.

〈사랑의 물리학〉

질량의 크기는 부피와 비례하지 않는다

제비꽃처럼 조그마한 그 계집애가

꽃잎같이 하늘거리는 그 계집애가

지구보다 더 큰 질량으로 나를 끌어 당긴다

순간, 나는

뉴턴의 사과처럼

사정없이 그녀에게로 굴러 떨어졌다

쿵 소리를 내며 쿵쿵 소리를 내며

심장이

하늘에서 땅까지

아찔한 진자운동을 계속하였다

첫 사랑이었다

　'사랑'과 '물리학'의 만남은 왠지 어색합니다. 사랑이 감성 영역이고 물리학은 이성 영역이라는 생각 때문에 그렇습니다. '사랑'과 '물리학'은 느낌이 너무 달라 서로 만날 일이 흔치 않은 단어들입니다. 그러나 시인은 안 어울리는 두 영역을 연결하여 독창성을 확보했습니다. 이처럼 서로 상관없는 것들을 연결하면 새로움과 흥미가 만들어집니다. 안 어울리는 것들의 연결이 창의적인 글을 만드는 방법이 되곤 합니다. 듣고 나면, 픽~ 웃음 나는 유머도 상관없는 두 가지 소재를 연결해서 만들곤 하죠. 물론 아재 개그처럼 느끼실 수도 있겠군요.

여자: 당신은 나에게 로또 같은 존재에요.
남자: 아, 정말요?
여자: 네, 하나도 안 맞아요.

하버드 대학교에서 Mark I 컴퓨터로 프로그램을 개발해 유능함을 인정받은 그레이스 호퍼(Grace Hopper)는 일반인에게 '나노초(Nano Second: 슈퍼컴퓨터 내부 시계의 기본시간 단위인 10억분의 1초)'를 어떻게 설명해야 좋을지 고민했습니다. 그녀는 고민 끝에 사람들에게 나노초를 눈으로 보여주기로 결정하고선, 30센티미터 길이의 끈을 손에 들고 이렇게 말했습니다.

"이 끈이 1나노초입니다."

1나노초 동안 빛이 이동하는 거리가 30센티임을 끈으로 보여준 것입니다. 1나노초를 쉽게 설명한 거죠. 이는 시간의 문제를 길이로 연결한 사례입니다. 이 사례도 연결하여 생각하기의 대표적인 이야기로 기억하시기 바랍니다. 빛은 1초 동안 '지구 일곱 바퀴 반'을 돕니다. 이를 '빛의 속도는 진공 상태에서 약 3,000,000km/sec이다. 그러니까 1초에 30만 킬로미터를 이동한다'라고 설명하면 사람들은 두통을 느낄 겁니다. 그러나 그레이스 호퍼 박사는 짧은 끈 하나(길이)와 1나노초(시간)를 연결해 짧은 찰나의 시간을 간단히 시각화하여 설명했습니다. 이렇듯 연결은 어렵고 복잡한 이야기를 쉽고 흥미롭게 만들어주는 역할을 합니다.

13 _ 분류와 연결

'우리나라에는 5대 종교가 있다. 기독교, 불교, 천주교, 교육, 부동산 이렇게 5가지다. 그중 사람들의 믿음이 가장 강한 것이 교육과 부동산이다. 좋은 대학에 가야만 인간 구실을 할 수 있다는 사람들의 믿음은 다른 어떤 종교의 신앙심보다 강한데…'

서로 다른 것을 연결하려면 생각이 유연해야 합니다. 엉뚱하고 말이 안 되는 표현일지라도 사람들이 수긍하는 것들이 있습니다. 위의 글도 그런 맥락에서 읽으면 우리가 수긍할 만한 이야기로 변합니다. 우리나라의 대표적인 종교라면 3개 정도가 떠오를 겁니다. 위의 기사를 쓴 사람은 우리나라 5개 종교라고 언급하며 뜬금없이 교육과 부동산을 문장에 끼워 넣었습니다. 실제와 다른 이야기지만, 독자들은 일리 있다고 생각합니다. 기사를 보며 '틀렸다'고 지적하는 대신 '재미있다'며 고개를 끄덕이겠죠.

서양인은 논리적, 동양인은 창의적!

닭, 소, 마당, 풀 4개 단어가 있다. 4개 단어를 2개씩 적당히 묶어보시오.

이 질문은 동양인과 서양인의 생각 차이를 보여주는 심리학자 리처드 니스벳(Richard Nisbett) 교수의 실험이다. 서양인은 주로 1번을 선택한다. 닭과 소는 동물이고 마당과 풀은 장소를 나타내기 때문이다. 반면 동양인은 2번을 많이 선택한다. '닭이 마당에서 놀고, 소는 풀을 뜯으며 먹어요'라고 말하며 말이다.

니스벳 교수에 따르면 서양인은 나누고 분류하는 것을 중시하고, 동양인은 맥락을 생각하며 연결하는 것을 좋아한다고 한다. 이 실험 결과 서양인은 논리적으로 생각하고, 동양인은 창의적으로 생각한다고 볼 수 있다. 그러니까, 1번을 선택한 사람은 논리적인 접근을 좋아하고 2번을 선택한 사람은 창의적인 생각을 좋아하는 것이다.

니스벳 교수의 실험이 하나 더 있다. 원숭이, 바나나, 팬더 세 개 단어를 제시하고 2개를 묶는다면 어떻게 나눌까? 실험 결과 서양인은 원숭이와 팬더를 묶으며 '그들은 동물입니다'라고 말했다. 반면에 동양인은 원숭이와 바나나를 묶으며 '원숭이가 바나나를 먹어요'라고 말했다. 이 실험 역시 서양인은 논리적으로 분류하는 데 익숙하고, 동양인은 창의적으로 연결하는 데 익숙함을 보여준다.

기자는 적당한 연결로 창의적인 글쓰기를 시도했고, 그 시도는 효과를 거두었습니다.

논리적인 생각은 '분류'와 '나눔'입니다. 반면에 창의적인 생각은 '연결'과 '결합'입니다. 따라서 논리와 창의를 '분류'와 '연결'이라는 키워드로 생각하면 좋습니다. 논리에서는 체계적으로 잘 분류하는 작업이 중요합니다. 논리는 주로 나누는 작업입니다. 반대로 창의는 주로 연결하고 섞는 작업이죠. 앞에서 소개한 초코파이 법칙처럼 A와 B를 연결하거나 합쳐서 새로운 C을 만드는 일이 창의입니다.

글쓰기에서는 창의와 논리, 두 가지 모두 필요합니다. 다시 말해서 글쓰기는 창의적으로 연결한 후, 논리적으로 분류하는 일입니다. 먼저 창의성을 발휘해 다양한 연결을 시도해봅시다. 그러고 난 후 논리적으로 하나하나 분류해 글을 완성해갑니다.

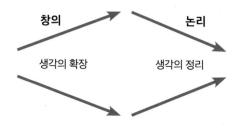

우리는 새로운 A를 이해하기 위해 익숙한 B를 도입하는 'A=B다'라는 은유를 종종 사용합니다. 이 역시 대표적인 연결입

니다. '남자는 배, 여자는 항구'라는 노랫말이 있습니다. 항구에 배가 왔다가 머무르지 않고 떠나는 일을 남녀 사이의 만남과 헤어짐으로 표현했죠. 이처럼 연결은 자신의 생각을 표현하는 익숙한 방법 중 하나입니다. 여러분도 어떤 이슈를 다른 것과 연결해 글로 써보시기 바랍니다. 생각보다 멋진 글을 만들 수 있습니다.

14 _ 내게 익숙한 것과
상대의 관심을 연결

연결을 통해 새로운 것을 만들 때에는
'나에게 익숙한 것'과 '상대가 관심 있는 것'을 연결해야 효과적
입니다. 내가 익숙한 내용을 다룰 때 나의 강점이 발휘되고, 상대
가 관심 있는 것을 다루어야 호응과 관심도 얻습니다. 상대방의
관심사 다루기는 특히 비즈니스 세계에서 좋은 인간관계와 성공
을 이루는 비결이 됩니다.

저는 수학을 전공했습니다. 수학 관련 재미난 에피소드와 흥
미로운 문제를 일반인보다는 많이 알고 있죠. 최근에는 '5분 오
락실'이라는 유튜브 채널을 만들어 수학 문제풀이를 소개하고
있습니다. 뿐만 아니라 저는 글을 쓸 때에도 수학적인 내용을 종
종 연결합니다. 이런 연결이 글의 차별화를 주기 때문입니다. 물
론 수학 이야기를 소개할 때에는 수학을 잘 모르는 사람도 쉽게

이해할 수 있도록 수준을 조절합니다. 글 읽는 사람의 관점을 유지하려는 것입니다. 여기서 핵심은 '나에게 익숙한 이야기를 상대방 관점으로 연결'하는 것입니다. 제가 예전에 쓴 칼럼이 있는데, 칼럼에서 소개한 문제를 하나 살펴보겠습니다. 저에게 익숙한 숫자 이야기와 상대방의 니즈를 연결한 사례입니다.

차가 주차된 곳의 숫자는 무엇일까요?

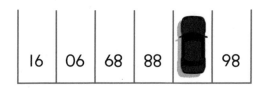

어떤 숫자가 들어가야 할지 감이 오나요? 한참 들여다봐도 숫자의 규칙이나 패턴을 알 수 없습니다. 그런데 정답은 어처구니없을 정도로 간단합니다. 문제를 돌리면 답이 보입니다. 정답은 '87'!

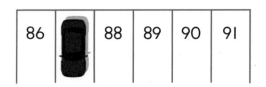

차가 주차된 곳의 숫자는 무엇일까요?

이 문제는 보는 사람의 방향에 따라 답이 잘 보이기도 하고 안 보이기도 합니다. 위와 같은 그림 방향에서는 자동차가 가린 숫자가 87임을 누구나 알 수 있습니다. 반대편에서 문제를 풀 때에는 87이 눈에 안 들어오지만, 문제를 거꾸로 돌리면 답이 보입니다. '반대편에서 보라, 상대방 입장에서 생각하라'는 글의 보충 설명으로 제시한 문제였습니다.

글쓰기에서도 '관점 달리하기, 다른 시각 갖기'가 중요합니다. 다른 시각을 갖는 가장 쉽고 강력한 방법이 '상대방 입장에서 생각하고 보기'입니다. 상대방 입장에서 보는 일에 익숙한 사람이 성숙한 사람입니다. 3~4살 정도 된 아이들은 자기 눈만 가리면 다른 사람이 자기를 못 본다고 믿습니다. 그래서 아이들은 숨바꼭질 놀이를 할 때 몸을 가릴 곳으로 숨는 대신에 자기 눈부터 가립니다. 자기 관점으로만 보려는 생각은 어린 아이의 시각과 같다고 할 수 있겠군요. 글도 쓰는 사람 중심이 아닌 읽는 사람 관점으로 써야 합니다. 그래야 공감을 이끌어내기가 쉽습니다.

15 _ 4개 관점으로 글감 찾기

생각이 글의 결과를 결정합니다. 당연한 이야기입니다. 생각이 다양하면 다양한 글이 나옵니다. 그래서 우리는 좋은 글, 풍성한 내용의 글을 쓰려면 생각의 유연성과 다양한 시각을 갖추어야 합니다. 그 사람의 시각과 관점으로 생각이 결정됩니다. 똑같은 것을 보더라도 새로운 시각, 새로운 관점으로 보려는 노력이 생각의 확장을 돕고 새로운 글을 쓰도록 만듭니다.

새로운 글은 새로운 생각의 결과물이다.
새로운 생각은 새로운 시각을 가져야 키울 수 있다.

이제 4가지 관점으로 생각을 펼쳐 글감 모으는 방법에 대해 살펴보겠습니다. 우리가 무엇인가를 보고 들을 때, 보고 듣는 정보가 우리의 눈과 귀로 수동적으로 도달했다고 생각하기가 쉽죠. 안 보려고 했는데 보이고, 듣지 않으려 했는데 들린다는 말입니다. 정말 그럴까요? 실은 이와 정반대입니다. 우리는 어떤 정보 앞에서 능동적으로 보고, 듣습니다. 내가 보고 싶은 것만 보고, 듣고 싶은 것만 듣는다는 이야기죠. 그렇다 보니 우리는 어떤 정보를 객관적으로 수용하기보다 매우 편향적으로 보고, 그 결과 선입견에서 못 벗어나는 모습을 보일 때도 있습니다. 우리가 무엇인가를 생각하고 고민할 때에는 적어도 4개 이상의 관점을 가져야 합니다. 4개의 렌즈로 세상을 보려는 시도라고 말할 수 있겠군요.

4가지 관점

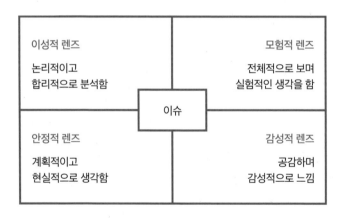

이성적 렌즈는 세상을 이성적·합리적으로 보는 것입니다. 논

리적·합리적으로 생각하기 때문에 분석적입니다. 왠지 과학자나 수학자가 떠오를 것입니다. 안정적 렌즈로는 상황을 현실적이고 세부적으로 보는 것입니다. 계획하고 절차에 따라 생각하며, 일이 진행될 수 있도록 하는 것에 초점을 맞춥니다. 조직의 관리자나 직업을 예로 들면 공무원이 적당할 것 같네요. 감성적 렌즈는 대인관계에 민감하고 정서적인 것을 주로 봅니다. 공감과 소통을 중시하는 연예인들이 감성적 렌즈로 세상을 보는 대표적인 사람들입니다. 모험적 렌즈로는 전체적·실험적인 시각으로 세상을 보려고 합니다. 통합적·전략적으로 정보를 대하고 사물을 보려고 하죠. 비전을 제시하고 새로운 일에 도전하는 사업가들이 모험적 렌즈로 세상을 보는 유형입니다.

우리가 편협한 생각에 갇히지 않고 넓은 시야로 세상을 보려면 방금 소개한 4개의 렌즈를 통해 사물을 보는 연습도 해볼 필요가 있습니다. 만약 어떤 이슈에 대한 글을 쓴다면, 그 이슈를 4개 시선으로 바라보는 연습이 도움이 됩니다. 4개 시선으로 사건을 관찰하면 생각이 풍부해집니다. 당연히 풍부한 생각은 좋은 글의 바탕이 됩니다. 따라서 여러분이 글쓰기를 할 때 미리 4개의 칸을 만들어 서로 다른 4개 시선으로 바라본 글을 적어본 후, 글을 써보면 어떨까요? 폭넓은 시각, 다양한 것을 고려한 좀 더 완성도 높은 글이 나올 수 있습니다.

이 방법은 글의 전체 흐름을 만들어갈 때에도 도움이 됩니다. 어떤 주제나 이슈를 4개 렌즈(이성적, 안정적, 감성적, 모험적)로 하나씩 살펴봅시다. 4개의 렌즈로 바라본 생각은 하나의 렌즈로 바라보았을 때보다 확장성을 제공합니다.

사실 저나 여러분 모두 이성적, 감성적, 안정적, 모험적 자아를 가지고 있습니다. 그러나 사람마다 선호하고 좋아하는 영역이 조금씩 달라 성향의 차이가 생긴다고 알려져 있죠. 아무튼 이성, 감성, 안정, 모험 4개의 칸을 만들고 4개의 관점 갖기 연습을 해보는 것도 글쓰기 연습에 도움이 됩니다.

16 _ 메모와 낙서

여러분이 글을 써야겠다고 생각한 후, 가장 먼저 하는 일은 무엇인가요? 대부분 노트북을 켜고 워드나 한글 프로그램부터 열 것 같군요. 몸과 마음을 가다듬고 노트북 앞에 앉는 것까지는 좋습니다만, 그 다음이 문제입니다. 머릿속 생각을 자연스럽게 글로 써내려가는 사람은 생각보다 드무니까요. 무엇인가 글로 써야 한다는 의지만 강할 뿐, 글의 방향을 몰라 막막함이 앞선다면 어떻게 해야 좋을까요?

저는 글을 써야 할 때 노트북을 여는 대신 펜과 종이부터 꺼냅니다. 그리고 쓰고자 하는 글의 내용과 관련 있는 것들을 떠올리며 하나씩 메모합니다. 메모에 열중하면 신기하게도 조금씩 글의 방향이 보입니다. 그렇게 방향이 보이면 그제야 노트북을 켭니다. 글쓰기는 글의 방향이 잡혀 있어야 시작이 가능합니다.

계속 저는 글쓰기라고 표현하고 있습니다만, 이보다 글짓기라는 말이 더 어울릴 수도 있습니다. 아무것도 없는 백지에 글을 쭉쭉 써내려가는 일을 상상하는 대신 건물을 짓듯 전체적인 이야기를 상상하고 마치 설계도를 그린 후 벽돌을 쌓아 올리며 집을 짓듯 글을 짓는 것입니다. 그런데 글쓰기에서의 밑작업은 종이에 가볍게 적는 메모입니다. 어설프고 완전하지 못한 메모일지라도 메모를 통해 글의 방향을 찾아갈 수 있죠. 처음에는 볼품없는 낙서 수준의 작업이지만, 메모를 하다 보면 글의 전체적인 모습이 머릿속에 그려지기 시작합니다. 제 경험에 따르면 본격적인 글쓰기 채비가 메모에서 이루어지더군요.

- 글의 주제가 무엇인가?
- 어떤 소재를 포함할 것인가?
- 주제를 쉽게 설명해줄 사례가 있을까?
- 참고할 만한 글이 있을까?
- 수집한 자료들 중 주제와 어울리는 것이 있나?
- 쉬운 기호로 표현해볼까?
- 글의 이해를 돕는 사진이나 그림이 있을까?

메모와 낙서를 우습게 생각하면 안 됩니다. 비록 완성된 글은 아닐지라도 이것저것 메모하면서 글의 전체적인 모습을 상상해봅시다. 단어들을 화살표로 연결하거나 원, 사각형, 삼각형 등으로 표현해봅시다. 메모와 낙서를 하면 생각이 풍부해지고 복잡한 것들이 정리됩니다. 문법이나 맞춤법은 일단 무시합니다. 주제나 소재를 상징하는 한 단어도 괜찮고, 그림으로 그려도 상관없습니다. 메모나 낙서란 게 원래 그런 거니까요.

특히 메모와 낙서가 유용한 경우는 글의 내용이 정해져 있지 않았을 때, 어떤 내용을 써야 좋을지 고민이 많을 때 도움이 됩니다. 이런 상황이라면 스케치, 메모, 낙서가 중요합니다. 개인적으로 저는 메모와 낙서를 많이 하는 편입니다. 중고등학교 때 메모한 연습장을 30년 넘게 갖고 있습니다. 저는 써야 할 글의 내용이 머릿속에 정리되어 있더라도 거의 습관처럼 종이와 메모지부터 찾습니다. 그리고 내가 쓰려는 내용을 간단히 메모합니다. 순서를 이리저리 뒤바꾸기도 하고, 적당한 그림을 그려 넣기도 합니다. 메모가 끝나기까지 30~40분 정도 걸리는 것 같습니다. 그렇게 메모한 내용을 옆에 둔 채 노트북을 켭니다. 메모를 들여다보면 왠지 마음이 편해질 뿐만 아니라, 글을 쓰는 시간도 단축됩니다. 제가 메모를 이용하여 완성한 칼럼(1등 영업맨의 비밀)을 사례로 제시합니다.

1등 영업맨의 비결

동창 모임에서 최고 연봉을 받는 1등 영업맨을 우연히 만났다. 그는 자칭 '생명보험 업계의 유재석'이라고 자신을 소개했다. 재미있고 흥미로워서 그에게 1등 영업맨이 된 비결을 캐물었다. 그의 성공비결은 전문성이었다. 그에게는 월 1,000만 원 이상 보험료를 내는 의사 고객들이 많았는데, 그들이 영업맨을 찾는 이유는 영업맨이 세금과 상속 문제로 고민하는 의사들의 고민을 해결해주고 재테크도 돕기 때문이었다. 세무·회계에 관한 전문성을 바탕으로 의사들의 재테크를 돕고 세금을 합법적으로 줄여주는 친구에게 많은 의사들이 소개소개로 찾아온다는 것이었다. 역시 전문성이다. 우리는 좋은 인간관계를 형성하고 좋은 인맥을 만들려고 하는데, 좋은 인간관계를 형성하는 유일한 방법은 상대에게 이익을 주는 거다. 서로에게 이익을 주는 사람들 간에는 좋은 관계가 형성된다. 다른 사람에게 바라기만 하고 주는 것 없는 사람들은 좋은 인간관계를 만들지 못한다. 가령, 보험이나 자동차 영업맨들은 부자를 만나고 싶어 한다. 한 달에 3만 원,

5만 원 보험료 내는 사람 100명보다 한 달에 1,000만 원, 2,000 만 원 보험료 내는 사람 한 명이 더 큰 수익을 주기 때문이다. 그 렇다면 부자들은 왜 그 영업맨을 만날까? 그들이 세일즈맨을 만 나는 이유는 자신의 이익 때문이다. 결국 이익이 있어야 좋은 인 간관계가 유지된다. 특별한 이익을 줄 수 없다면 부자가 영업맨 을 만날 이유도, 영업맨이 부자를 만날 이유도 없다. 내가 다른 사람에게 줄 수 있는 이익은 나의 전문성에서 비롯된다. 세무·회 계 관련 전문성으로 강남의 많은 의사 고객을 확보한 동창 친구 처럼 말이다.

그 친구가 처음 의사 고객을 만난 이야기를 듣고 나는 깜짝 놀랐다. 그 친구가 처음 몇 명의 의사들을 만났을 때에는 세무·회 계에 관한 지식이 전혀 없었다고 한다. 어느 날 그 친구는 우연 히 의사를 소개받아 이야기하고 있었는데, 그 의사가 세금에 관 해 고민하고 있었단다. 친구는 의사가 고민하는 세금문제에 아 는 것이 하나도 없었다. 아무런 조언을 할 수 없었지만, 무턱대고 그 의사에게 상황에 맞는 '맞춤 보고서'를 며칠까지 준비하겠다 고 약속했다고 한다. 그리고 그는 회계사, 세무사에게 비용을 지 불해가며 그 의사의 상황에 맞는, 세금을 아낄 수 있는 방법에 대 한 '맞춤 보고서'를 주문했다는 것이다. 그 보고서에 한 가지 조건은 '보험 상품을 활용하여 세금을 아낄 것'이란 조건을 달았던 것이다. 영업맨 친구는 자신이 돈 주고 얻은 보고서를 열심히 달달 외우고 학습하여 자신이 만든 보고서처럼 의사에게 제시했다. 의사의 신뢰를 얻고 보험도 가입하도록 만든 것이다. 실질적인 이익을 얻은 의사는 감동했고, 자신과 비슷한 고민을 하는 친구들에게도 영업맨을 소개했다. 그렇게 의사들 사이에서 입소문이 나면서 많은 의사들이 알아서 그 친구를 찾아갔다.

전문성, 창의성 등 우리에게 필요한 많은 것을 경험하고 배워야 한다. 그것들 중 가장 중요한 것은 적극적인 태도가 아닐까? 무엇을 얼마나 갖고 있느냐가 아니라, 얼마나 적극적으로 무엇을 만들어가느냐가 좋은 결과를 만드는 진짜 힘이다.

17 _ 4개 관점의 활용

저는 1~2단계 글쓰기 중 조금 더 중 요한 단계는 생각을 펼쳐 글감을 모으는 1단계라고 소개했습니다. 물론 2단계에서 이루어지는 글의 구성, 문장 만들기, 기막힌 표현을 적용하는 일도 중요합니다만, 그보다 중요한 건 1단계에서 만들어지는 생각의 확장입니다. 자유롭게 생각을 펼쳐 다양한 글감과 소재를 만들어야 좋은 글이 될 확률이 높습니다. 우리 주변에는 글쓰기가 어렵다고 느끼는 분들이 생각보다 많습니다. 그 이유는 처음 시작부터 막히기 때문입니다. 처음부터 막히는 난관을 이겨내는 방법이 생각을 펼쳐 글감부터 모으는 일입니다.

1단계에서는 완벽한 글을 써야 하는 부담을 내려놓기 바랍니다. 그저 편히 메모를 하듯 자유롭게 생각을 펼쳐 종이에 적어봅시다. 이때 나의 생각을 잘 드러내는 단어, 짧은 문장, 간단한 그림도 좋다고 이미 소개했습니다. 한 가지 주제와 관련하여 떠오르는 대로 뭔가를 적었다면, 그 다음엔 눈으로 찬찬히 살펴봅시다. 눈으로 살펴보면 놀랍게도 생각이 활성화됩니다. 그 이유는 눈과 생각이 상호작용을 하기 때문인데, 우리가 눈으로 무엇을 보면 연관 있는 생각들이 줄지어 더 많이 떠오릅니다.

1단계를 마쳤다면, 2단계인 글 정리에 들어갈 차례입니다. 완성도 높은 글을 딱 2단계로 정리하기란 쉽지 않습니다. 적어도 3~4단계 과정을 거쳐 수정, 보강해야 그나마 마음에 드는 글이 나옵니다. 물론 우리가 종종 쓰는 리포트, 소논문, 에세이 등은 2단계 글쓰기로도 충분히 가능합니다.

간략하게 2단계 글쓰기 사례를 하나 제시합니다. 가령, 1시간 동안 200자 원고지 15매 분량을 써야 하는 일이나 당장 내일 아침 회의에 제출해야 할 리포트를 써야 한다면? 이때는 시간제한이라는 압박이 글쓰기를 어렵게 만듭니다. 이 경우 시간을 절반으로 나누어 앞부분에서 1단계를 적용해 생각과 아이디어를 펼쳐 글감을 모으고, 나머지 시간에 2단계를 적용해 정리하면 어떨까요? 시간에 쫓기면 마음이 급해지게 마련이고, 조급함은 글쓰기에 도움이 되지 않습니다. 시간을 2단계로 적절히 배분해 글을 쓰면 조급함을 없애거나 줄이는 데 효과적입니다.

우리 머릿속에 떠오르는 생각을 자유분방하게 써야 하는 이유는 또 있습니다. 실제로 우리가 글을 쓸 때를 떠올려봅시다. 글

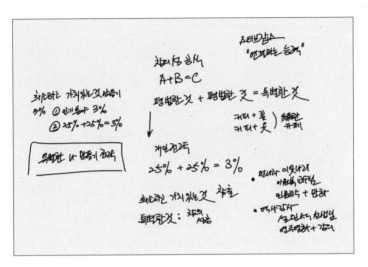

글을 쓰기 전에 떠오르는 생각들을 메모한다.

을 쓰기 전까지는 수많은 생각과 아이디어가 떠오르지만 막상 글을 쓰려면, 오만가지 복잡한 생각들이 얽혀 무엇부터 써야 할지 갈팡질팡합니다. 이런 경우를 대비해 떠오르는 생각들을 두서가 없더라도 메모하는 것입니다. 제가 1단계로 메모한 샘플과 이를 2단계로 정리한 원고(특별한 나를 만드는 방정식: 25%+25%=3%)를 소개합니다. 여러분도 자유분방하게 메모한 후 차분히 글로 정리해보시기 바랍니다.

특별한 나를 만드는 방정식 : 25%+25%=3%

일반적으로 큰 성공을 이루는 방법은 두 가지가 있다. 첫 번째 방법은 한 분야에서 상위 3%에 들어가는 것이다. 손흥민, 류현진처럼 성공하는 것이다. 두 번째 방법은 두 가지 영역에서 각각 25%에 들어가고, 그 두 가지 영역이 연결된 일을 하는 것이다. 그렇게 하면 자신이 상위 3%에 들어가는 새로운 분야가 창출된다. 이것을 25%+25%=3%라는 공식으로 표현할 수 있다. 기존 분야에서 3%에 들어가는 첫 번째 방법보다 새로운 영역을 창출하는 두 번째 방법이 더 쉽다. 예컨대, 우리나라에서 1,000만 부 이상의 책을 판매한 《먼나라 이웃나라》의 저자 이원복 교수님을 생각해보자. 1,000만 부 이상 책이 팔렸다는 건 대단한 일이다. 역사에도 몇 명 없는 기록이다. 그러나 사실 이원복 교수님은 유명한 소설가나 작가는 아니다. 학문적으로 또는 화가로 유명한 분도 아니다. 그러나 저자께서는 다른 나라의 역사와 문화에 관한 인문학적 지식을 친근한 캐릭터가 등장하는 만화로 표현하여 베스트셀러를 만들어냈다. 상위 25%에 들어가는 두 영역을 연결해 자신이 최고가 되는 분야를 만들어낸 사례다. 두 가지 분야의 일을 연결해 차별화된 자신의 영역을 만드는 사람들은 많다. 이것이 특별한 나를 만드는 방법이다.

25%+25%=3% 방정식은 평범한 A와 평범한 B를 더하여 특별한 C를 만드는 창의성을 의미한다. 가령, 어떤 커피숍은 꽃집을 겸업한다. 즉 커피숍이면서 꽃집인 셈이다. 그 가게에서 커피를 마시면 기분 좋게 꽃을 준다. 물론 꽃도 팔고 말이다. 또 어떤 커피숍은 옷을 파는 가게이기도 하다. 커피숍 한쪽에 여성 옷이 있는데, 커피숍 사장님이 자신의 가게에 오는 여성을 위한 옷을 골라 몇 개만 전시한다. 사장님이 추천하는 옷에 만족한 여성들은 커피도 마시며 옷도 구경하고 원하는 옷을 사기도 한다. 이렇듯 두 가지 이상을 연결해 새로운 제품을 만들거나 새로운 서비스를 만드는 것이 창의성을 발휘하는 대표적인 방법이다.

자본주의 사회에서는 사람들이 희소하고 가치 있는 것에 돈을 지불한다. 희소성과 가치가 독점적 시장 지위를 갖도록 해준다. 그리고 큰 보상을 기대할 수 있다. 희소하고 가치 있는 것을 만드는 방법으로 25%+25%=3%를 기억해 두자. 현재 내가 하는 일에 내가 25% 안에 들어가는 다른 분야의 일을 접목해보자. 물론 지금 하는 일에서도 상위 25%의 능력은 꼭 갖추어야 한다. 그것이 특별한 나를 만드는 방법이다.

18 _ 시각화

시각화는 눈으로 보여주는 일입니다. 하얀 종이에 펜으로 메모 또는 낙서를 하면 생각을 눈으로 확인할 수 있죠. 시각화 역시 뛰어난 생각의 기술입니다. 예컨대 '17 × 36' 곱셈 계산을 못하는 사람은 없습니다. 그러나 종이와 펜이 곁에 있어야 계산이 수월하죠. 과학자나 수학자는 종이와 펜으로 많은 연구를 합니다.

아인슈타인이 프린스턴 대학에 있을 때의 에피소드입니다. 어느 날 한 기자가 아인슈타인을 찾아갔습니다. 그리고 기자는 '교수님 실험실을 좀 보여주시겠습니까?'라고 아인슈타인에게 요청했습니다. 아인슈타인은 자신의 만년필을 꺼내며 '내 실험실은 바로 이것입니다'라고 말했다는 일화입니다. 세계적인 과학자 아인슈타인이니까 남다른 장비를 동원해 실험했을 거라고

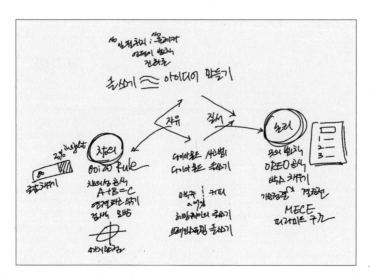

책을 쓸 때 아이디어를 얻기 위해 위와 같이 메모한다.

생각하기 쉽습니다만, 아인슈타인은 단지 종이와 펜으로 자신의 모든 이론을 완성했습니다. 펜을 들어 종이에 뭔가를 쓰면서 눈으로 보고 궁리하면 탁월한 결과가 만들어집니다.

흔히 메모라고 하면 수첩에 일정을 기록하는 정도를 생각하는 분들도 있습니다. 하지만 여기서 말하는 메모는 약속이나 미팅 일정을 기록하는 것을 의미하지 않습니다. 조금 큰 연습장에 나의 생각을 펼쳐가며 새로운 생각을 만들어내는 적극적인 과정을 의미합니다. 큰 성공을 이룬 사람들 중에는 메모광이 많은데, 그들은 수첩이나 노트에 자신의 생각을 적고, 다른 사람의 이야기도 메모합니다. 뿐만 아니라, 눈으로 시각화하여 이 생각과 저 생각을 연결하고 나누고 분류합니다. 때때로 하나의 생각에 더 깊숙한 부분까지 따라 들어가기도 하죠.

그리고 놀라운 사실이 하나 더 있답니다. 우리가 무엇인가를 적으면 또 다른 생각이 연상 작용을 일으켜 따라온다는 사실! 꼬리에 꼬리를 무는 연상, 생각이 자연스럽게 이어집니다. 이처럼 메모와 낙서를 통해 우리가 아는 위대한 글, 사상, 연구 결과가 만들어졌을 게 분명합니다.

19 _ 다빈치의 메모

레오나르도 다빈치(Leonardo da Vinc)
는 30년간 수천 장의 메모를 남겼습니다. 다빈치의 메모는 인체,
미술, 문학, 과학원리 등 분야를 망라한 아이디어의 보고였습니
다. 지금 시각으로도 우리가 놀랄 수밖에 없는 것들… 가령, 비행
기나 전차, 자동차, 그리고 잠수함에 이르기까지 말 그대로 없는
게 없는 만물상이 그의 메모였죠. 다빈치의 메모는 천재성과 에
너지로 가득 차 있습니다.

다빈치의 획기적인 아이디어와 천재성에 끌려 그를 흠모한
현대의 또 다른 천재 빌 게이츠, 그는 1994년 〈코덱스 레스터
(Codex Leicester)〉라는 다빈치의 72페이지 분량 노트 한 권을 무
려 3,000만 달러에 구매했습니다. 대략 계산해도 1페이지당 우
리 돈 5억 원 정도를 지불한 셈입니다. 다빈치는 글뿐 아니라 그
림, 다이어그램, 그래프 등을 메모에 활용했습니다. 다빈치는 특

레오나르도 다빈치의 작업노트 '코덱스 레스터': 레오나르도 다빈치는 자신의 아이디어를 남들이 베끼지 못하도록, 거울에 비추어야 알 수 있게끔 왼쪽에서 오른쪽으로 메모했다.

이하게도 뭔가를 기록하고 그 기록을 설명하기 위해 그림을 그린 게 아니라고 전합니다. 그와는 반대로 그림을 그린 후 그림을 설명하기 위해 글을 남겼다고 해요. 그는 언어로 생각하기보다 그림으로 생각하기를 즐겼던 것 같습니다.

다빈치처럼 생각을 쉽게 나타내는 그림을 활용하면 어떨까요? 다시 말하지만 메모나 낙서는 간단해야 효과적입니다. 제대로 된 문장을 쓰려고 하면 생각이 위축됩니다. 생각이 제한되고 갇힙니다. 물론, 최종적으로 우리는 정리된 문장으로 글을 완성해야겠지만, 처음부터 잘 정리된 문장을 써야 한다는 부담에서 벗어납시다. 메모와 낙서 행위는 생각을 넓혀 글감과 글의 소재를 모으는 과정입니다. 좋은 글을 쓰고 싶다면 자유로운 메모와 낙서부터 시작해보기를 권합니다.

20 _ 마인드맵의 활용

　　지금까지 자유로운 형식의 메모와 낙서를 강조했습니다. 이를 체계적으로 하는 방법이 있습니다. 마인드맵(Mind map)의 활용입니다. 1971년 영국의 토니 부잔이 처음 제시한 이후 지금도 많은 분들이 활용하는 도구가 '마인드맵'이죠. 마인드맵은 체계성을 갖추도록 해줍니다. 방법은 간단해요. 스케치북이나 큰 종이를 펼친 후 꼬리를 물고 이어지는 생각을 하나씩 적어가면 됩니다. 특별한 지식이나 연습 없어도 누구나 해볼 수 있습니다. 우리는 마인드맵을 통해 눈에 안 보이는 생각의 지도를 눈으로 직접 확인할 수 있습니다. 사람은 시각 정보에 민감한 편인데, 마인드맵을 그리면 머릿속의 생각을 눈으로 살펴볼 수 있습니다.

　　일단, 큰 종이나 스케치북에다 자유롭게 떠오르는 생각을 펼

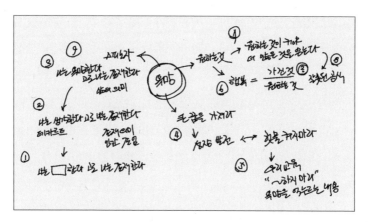

마인드맵은 어떤 주제에 대한 나의 생각을 펼쳐보는 데에도 효과적이고, 특정 글의 소재를 만들거나 수집하는 데에도 유용하다. 글의 소재가 될 만한 이야기의 마인드맵으로 그려보자.

처봅시다. 나무뿌리와 줄기가 위아래로 뻗어가는 것을 연상해도 좋고, 몸속의 혈관이 온몸 구석구석 연결된 이미지를 떠올려도 됩니다. 특별한 방법이나 절차가 있는 건 아닙니다. 여러분이 직접 마인드맵을 그려보는 것이 이를 가장 쉽게 배우는 방법입니다. 위의 그림은 제가 '욕망'이라는 주제로 칼럼을 쓰기 전에 간략히 그려본 마인드맵입니다. 칼럼과 함께 참고 자료로 제시합니다.

마인드맵에 글의 주제나 소재를 채울 때에는 논리적으로 정리한 생각, 직관적인 느낌, 검증되지 않은 아이디어 등을 모두 자유롭게 적습니다. 연필도 사용하고, 빨간색이나 파란색 펜으로도 적어봅시다(마인드맵을 그릴 때 여러 색의 볼펜, 형광펜을 준비). 때때로 자신만의 규칙을 만들어 마인드맵을 채우기도 합니다. 예컨대 논리적인 생각은 파란색, 직관적인 느낌은 빨간색, 사실 관계가 불분명한 내용은 연필, 통찰을 얻은 내용이라면 형광펜으로 표시하는 식입니다.

마인드맵을 작성한 후에도 눈으로 살펴보면 생각의 폭이 넓어집니다. 아울러 우리의 생각을 시각화하여 보여주고, 연상작용을 돕습니다. 또한 나의 생각이 진화하고 변형을 거쳐 멋진 생각으로 변해가는 걸 알 수 있습니다. 이 모든 일이 마인드맵에 그려질 수 있죠. 생각을 지도처럼 펼치면 생각의 진행 과정이 한눈에 들어오게 마련입니다.

나는 욕망한다 그러므로, 나는 존재한다

"나는 생각한다. 그러므로 나는 존재한다." 데카르트의 유명한 명언이다. 친구들과 같은 형식으로 명언 만들기를 한 적이 있다. 요즘 마라톤에 푹 빠져 있는 친구는 "나는 달린다. 그러므로 나는 존재한다."라고 말했고, 한 친구는 "나는 사랑한다. 그러므로 나는 존재한다."라고 말했다. 자신이 강조하고 싶은 것을 "나는 (~)한다. 그러므로 나는 존재한다."라고 표현하면 좋을 듯하다. 철학자 스피노자도 위와 같은 형식으로 "나는 욕망한다. 그러므로 나는 존재한다."라는 명언을 남겼다. 내 삶의 의미를 찾는 방법은 자신의 욕망을 파악하고 그것을 실현하는 것이라는 말이다. 우리가 받은 교육을 생각해보면, 대부분 자신의 욕망을 죽이라는 것이었다. "이렇게 하지 말고, 저렇게 하지 말고…" 등의 교훈을 주로 듣지 않았나? 때로는 "이렇게 해야 한다. 저렇게 해야 한다"던 수많은 충고를 생각해보면, '내가 하고 싶은 것을 억누르고 나를 죽이고 욕망을 죽이며 살라'는 것이 대부분이다. 좀 과장해서 이야기하면, "그냥 남의 눈치나 보며 찌질하게 조용히 살다가 죽어라."는 것이다. 그것이 신이 우리에게 주신 소중한 인생을 가치 있게 사는 방법은 아닐 것이다.

우리를 발전시키고 더 좋은 삶을 만드는 것은 욕망에서 시작한다. 현재 가지고 있지 않은 것을 가지려는 욕망이 더 열심히 일하도록 만들고 나를 발전시킨다. 안타까운 것은 사람들과 대화를 해보면 욕망도 없고 바라는 것 없는 사람들이 생각보다 많다. 말로는 "큰 꿈을 가져라." "소망이 커야 이루는 것도 크다."고 하면서도 현실적으로는 "헛물 켜지마." "헛바람 들지마."라고 말하며 욕망을 죽이는 경우가 많다. 나 자신을 발전시키고 성장하려고 하기보다는 원하는 것을 없애고 욕망을 죽이며 현재에 만족하라는 소리에 불과하다. 사람들이 흔히 이야기하는 행복 공식이 있다. 행복은 '원하는 것' 분에 '가진 것'이라는 분수의 형태로 표현한다. 분모에 원하는 것, 분자에 가진 것을 써놓고 이것이 행복인데 이 값을 크게 하기 위해서는 분모를 줄이고 분자를 키워야 한다고 지적한다. 원하는 것을 줄이고 가진 것을 늘려가며 행복을 키워가라고 충고한다.

$$행복 = \frac{가진\ 것}{원하는\ 것}$$

정말 그럴까? 이 행복 공식에서 '원하는 것'과 '가진 것'은 별개로 일어나는 것이 아니다. 자신이 원하는 욕망을 줄이면서 자신이 갖는 소유를 늘린다는 것은 성립하지 않는다. 욕망을 줄이는 사람이 자신의 힘으로 자신의 소유를 늘릴 수 있을까? 바라는 것이 없는데, 어떻게 더 큰 것을 얻을 수 있을까? 우리에게 필요한 것은 욕망 자체를 줄이는 게 아닌, 거꾸로 욕망을 키우는 일이다. 그래야 더 큰 것을 얻는다. 다만, 내가 원하는 것을 바로 얻지 못하더라도 낙담, 실망하는 대신에 건강하게 목표를 갖고 하루하루 열심히 살아가는 자세가 필요하다. 그런 의미에서 나는 스피노자의 명언이 좋다.

"나는 욕망한다. 그러므로, 나는 존재한다."

여러분도 스피노자가 남긴 말을 참고하여 자신의 가치와 신념이 담긴 명언을 만들어 삶에서 실천해보면 어떨까?

21 _ 손으로 생각하기

'사람은 손으로 생각한다!'라고 말하면 이상하게 들리나요? 그런데 저는 손으로 생각한다는 말을 이해합니다. 가끔씩 수학 문제를 풀다 보면 쉼 없이 손을 사용해 계산할 때가 있습니다. 문제 풀이에 집중하고 몰입할수록 머리가 움직이는지 손이 움직이는지 헷갈리기도 합니다. 그리고 어느 순간, 하얀 백지가 복잡한 계산 풀이로 가득 채워지죠. 수학자뿐 아니라 과학자의 연구들 중 상당수가 종이에 펜으로 적는 일입니다. 상황이 이렇다 보니 손으로 생각한다는 표현이 왠지 익숙하게 느껴집니다.

손으로 생각한다는 말은 글을 쓰는 작가에게도 잘 어울립니다. 원고지에 잔뜩 적고서는 마음에 안 들면 과감히 구겨 휴지통에 버리곤 다시 쓰기를 반복합니다. 타이핑도 그렇습니다. 멋진 문장이나 흥미로운 이야기를 바쁘게 타이핑하는 손이 떠오릅니다. 글을 쓰는 작가들은 손을 많이 움직여서 생각을 드러내는 일에 익숙한 사람들입니다.

인간의 신체기관 중 뇌와 밀접하게 연결된 부분이 손입니다. 그래서 손을 많이 쓰고 정교하게 사용하면 머리가 좋아진다고들 말합니다. 아이를 키우는 엄마는 젓가락을 이용한 '작은 콩 잡기 놀이'를 아이와 즐깁니다. 아이의 머리가 좋아지는 놀이라고 믿기 때문이죠. 와일더 펜필드 박사가 뇌와 신체기관 사이의 연관성을 나타낸 호문쿨루스(Homunculus)라는 그림이 있습니다. 이 그림은 손이 뇌와 밀접하게 연결되어 있음을 잘 보여줍니다.

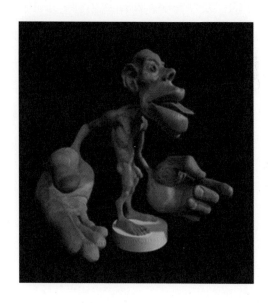

몇 해 전, 미국 페이스북(facebook) 본사 사무실 벽을 개조하여 칠판으로 바꾸었다는 뉴스가 화제였죠. 직원 중 누구나 좋은 아이디어가 떠오르면 망설임 없이 메모, 낙서해도 좋다는 의미입니다. 페이스북뿐 아니라 현재 많은 기업들이 사무실 곳곳에 칠판을 만들어 직원들의 좋은 아이디어를 메모, 낙서하도록 유도합니다. 떠오르는 생각을 잘 정리하여 보고하는 대신 그때그때 메모와 낙서하는 행위가 더욱 창의적임을, 그런 창의성이 회사에 도움이 된다고 믿는 것입니다. 누군가 자신의 생각을 칠판에 메모해 공개하면 다른 누군가가 그 사람의 아이디어에 다른 생각을 덧붙이기도 하고 수정도 하면서 멋진 아이디어를 함께 만들어가는 것입니다.

이런 과정은 여럿이 아니더라도 혼자서도 충분히 시도해볼 수 있습니다. 메모와 낙서용 노트를 하나 만들어 나의 생각을 틈틈이 옮겨보는 것입니다. 그리고 처음 메모와 낙서에 새로운 생각을 보태거나 고쳐가면서 더 좋은 생각을 만들어가 봅시다. 결론적으로 말하자면, 좋은 생각이 좋은 글을 결정한다고 믿습니다. 좋은 생각이 많으면 좋은 글이 될 가능성도 커집니다!

작가란, 오늘 아침에 글을 쓴 사람이다.
글을 쓰고 싶다면 종이와 펜 또는 컴퓨터
그리고 약간의 배짱만 있으면 된다.

- 로버타 진 브라이언트(Roberta Jean Bryant), 《누구나 글을 잘 쓸 수 있다》의 저자 -

―――――

좋지 않은 글은 언제라도 수정할 수 있다.
그러나 아무것도 쓰지 않는다면 수정조차 할 수 없다.

- 조디 피코(Jodi Picoult), 베스트셀러 소설가 대표작: 《혹등고래의 노래》, 《작지만 위대한 일들》 외 다수 -

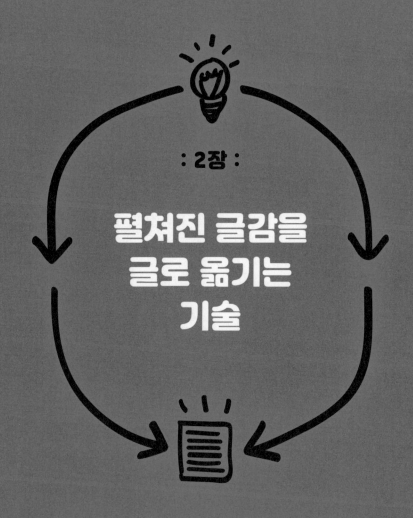

: 2장 :

펼쳐진 글감을
글로 옮기는
기술

지금까지 글쓰기 1단계 과정을 통해 다양한 생각을 펼침으로써
글감과 소재를 수집했습니다. 떠오르는 대로 메모와 낙서를 하고,
때로는 검색도 해가며 글감을 모았습니다.
그렇게 모은 글 소재를 펼쳐두고서 내가 강조하고 싶은 것,
흐름에 따라 정리하고 싶은 것들로 구분하여 잘 정리하는 과정이 2단계입니다.
즉, 글의 소재들에 질서와 조화를 부여하는 과정이 2단계 글쓰기입니다.

01 _ 3의 법칙

드디어 글쓰기 2단계에 왔습니다. 1단계에서 수집한 글감을 체계적으로 정리하는 과정이 글쓰기 2단계입니다. 2단계 과정에서도 몇 가지 도구를 소개합니다. 다시 말씀드리지만, 내용이 어렵거나 복잡하지 않습니다. 쉬운 글쓰기가 이 책의 목적니까요!

글을 정리하는 첫 번째 도구는 '3의 법칙'입니다. 예로부터 3이라는 숫자는 사람들에게 완전성을 의미했습니다. 삼위일체, 삼세 번, 삼신할미 등등 우리 삶에 깃든 숫자 3은 생각보다 넓게 퍼져 있으며, 3과 관련한 이야기는 무궁무진합니다. 종교나 신화뿐 아니라 우리가 어떤 이야기를 강조하거나 주장할 때에도 숫자 3을 종종 인용합니다. 책, 독서와 관련한 이야기에도 3이 자주 등장하죠.

매직 넘버 3

3은 만능 숫자다. 사람들이 가장 좋아하는 숫자가 3인 것 같다. 우리 주변 곳곳에 3으로 정리한 이야기들이 차고 넘친다.

의식주 / 상중하 / 귀족, 평민, 천민 / 탄수화물, 지방, 단백질 /
초복, 중복, 말복 / 금, 은, 동 / 영의정, 우의정, 좌의정 /
믿음, 소망, 사랑 / 머리, 가슴, 배 / 눈, 코, 입 /
삼진아웃 / 입법, 사법, 행정 등등

시간이 과거, 현재, 미래로 흐르는 것도 사람들이 숫자 3을 좋아하기 때문일 수도 있다. 글을 쓸 때에도 서론, 본론, 결론이 있다. 3가지로 나누고 구성해 정리하는 일이 익숙하고 또 효과적이다. 특히 커뮤니케이션을 연구하는 사람들은 이야기를 3개로 나눈 후에 제시하라고 말한다. 상대에게 내 생각을 효과적으로 어필하는 방법이라는 것이다. 고대 로마의 줄리어스 시저는 '왔노라, 보았노라, 이겼노라'고 말했다. 미국 남북전쟁을 승리로 이끈 링컨 대통령도 '국민을 위한, 국민에 의한, 국민의'이라는 명언을 남겼다. 이처럼 세상은 3이 지배하고 있으며, 지금도 사람들은 매직 넘버 3을 즐겨 활용한다.

중국 명나라 시절의 하인(夏寅)이라는 사람은 '삼석(三惜)'을 처음 사용했다고 전합니다. 삼석이란 '자신의 삶을 통해 배우지 않기, 하루하루 빈둥거리며 보내기, 자신의 몸을 망치기' 이렇게 세 가지를 뜻합니다. 우리 삶을 망치는 일들이랍니다. 하나 더 소개하면 ① 책을 모으기는 쉬워도 보기가 어렵다. ② 책을 보기는 쉬우나 그것을 잘 읽기란 어렵다. ③ 책을 잘 읽기는 쉬우나 그것을 실천하기가 어렵다. 이를 '삼난(三難)'이라고 말합니다. 동서를 막론하고 우리 삶 곳곳에는 3이 잔뜩 자리를 차지합니다. 그만큼 3은 우리에게 매우 익숙하며, 글을 정리하는 기술에 3을 적용할 수 있습니다.

저는 칼럼과 에세이를 정기적으로 쓰고 있습니다. 글을 쓸 때, 어떤 주제와 연관성이 큰 생각을 넓게 펼치고, 펼쳐진 소재를 3가지로 묶는 작업을 많이 합니다. 그렇게 글을 묶는 작업을 하면 묶음에 어울리지 않아 빼야 할 내용도 있고, 모아둔 글감에는 없었지만 묶음을 만들면서 새롭게 추가하는 내용도 있습니다. 내용에 어울리지 않는 소재는 과감히 빼고, 새로 추가해야 할 글은 다시 쓰면 됩니다. 사실 대부분의 사람들이 글을 정리하고 분류할 때 3개로 묶는 일에 익숙합니다.

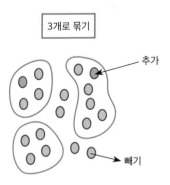

많은 사람들이 글을 쓸 때 3가지로 요약하여 제시하는 데 익숙합니다. 3요소, 3가지 원칙, 3개 해법 등이 그것이죠. 3가지로

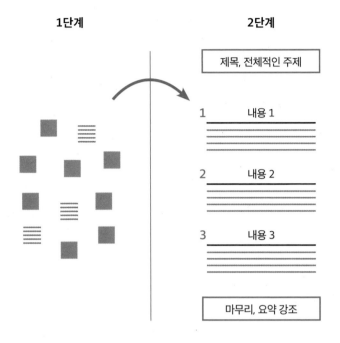

1단계

2단계

제목, 전체적인 주제

1   내용 1

2   내용 2

3   내용 3

마무리, 요약 강조

제시하면 효과적이라는 것을 오랜 경험으로 알기 때문입니다. 이것이 '3의 법칙'입니다.

　대통령 후보가 연설을 할 때, 유명 인사들의 대학교 졸업식 축하의 말도 종종 '3의 법칙'을 활용합니다. 내가 하고 싶은 이야기를 3개로 분류해 관련 내용으로 채우기! 이것이 3의 법칙의 전부입니다. 글을 쓰면서 하나의 주제를 설명할 때, 크게 3개 이야기로 나누면 됩니다. 칼럼이나 에세이 또는 간단한 기획서를 보면 3의 법칙을 적용한 글이 정말 많습니다.

02 _ 3의 법칙을 활용한 3단 구성과 그 밖의 구성들

　　　　　　　글을 3개 내용으로 묶어 정리하는 '3의 법칙' 외에도 우리는 문장의 구성을 3으로 나누어 사용하기도 합니다. 이런 구성 역시 일종의 3의 법칙으로 여겨도 될 것 같습니다. 여러분도 많이 들어봤을 3단 구성이 대표적이죠. 종류는 여러 가지가 있습니다. '도입-전개-결말', '서론-본론-결론', '발단-경과-결과' 등입니다. 이들 모두 3단 구성 글쓰기입니다. 3단 구성의 글은 초등학생들도 흔히 사용하는 글쓰기입니다. 그런데 유심히 살펴보면 3단 구성의 세부 사항을 각각 다른 말로 표현하고 있군요. 이는 우리가 어떤 글을 쓰느냐에 따라 달라지는 양식입니다.

　①'도입-전개-결말' 구성은 가장 많이 사용하는 실용적, 일반적인 글쓰기에 적당하다.

②'서론-본론-결론' 구성은 논리적인 문장을 쓸 때 많이 사용한다.

③'발단-경과-결과' 구성은 어떤 사건이나 사실을 전달할 때 종종 사용한다. 사고경위서나 진술서 같은 양식의 글이 대표적이다.

참고로, 3단 구성 외에도 글쓰기 구성의 종류는 글의 목적에 따라 여러 가지가 있습니다. 이를테면 4단 구성, 5단 구성, 두괄식 구성, 미괄식 구성, 쌍괄식 구성 등입니다. 한 가지씩 간략히 살펴보겠습니다.

'4단 구성'은 일반적인 글쓰기의 3단 구성인 '도입-전개-결말' 중에서 전개 부분을 둘로 나눈 것입니다. '기-승-전-결'의 구조를 갖습니다. 앞부분 기가 3단 구성에서의 도입, 중간 부분인 승과 전이 전개입니다. 그리고 마지막 부분인 결이 3단 구성에서의 결론입니다. '기-승-전-결' 구조를 갖는 대표적인 글이 중국 한시(漢詩)라고 합니다. 4단 구성의 글에서는 세 번째 '전'이 포인트인데, '전'의 앞부분 '승'에서 이야기가 전개되어 상세한 내용을 펼쳐갑니다. 그리고 포인트인 '전' 부분에서 의외의 새로운 사건이나 반전을 적음으로써 독자에게 흥미를 제공해야 합니다. 가령, 소설이나 희곡도 글의 흐름이 4단 구성으로 이루어집니다. 우리가 중고등학교 시절에 들어본 '발단-전개(갈등)-절정(클라이막스)-결론'의 구조를 갖습니다. 당연히 여기서도 절정 (클라이막스) 부분이 강조됩니다. 소설이나 희곡의 스토리에 반전이 여기서 일어나죠. 4단 구성 글쓰기는 독자들에게 깊은 인상을 제공하기 위한 기법이기에 만약 그런 글쓰기가 자신 없다면 그냥 3단 구성을 사용하는 게 낫습니다. 간략히 4단 구성의 글쓰기 예를 소개합니다.

기: 남원 사또 아들 몽룡과 관비의 딸 춘향이 사랑에 빠졌고, 이내 두 사람은 헤어지게 되었다.

승: 새로 부임한 사또 변학도의 수청을 수차례 거부한 춘향이 옥에 갇혀 몽룡을 그리워했다.

전: 어사가 된 몽룡이 못된 변학도를 처벌하고 옥에 갇힌 춘향과 재회했다.

결: 시련을 이겨낸 두 사람은 행복한 날을 보냈다. 정절을 지킨 춘향, 약속을 지킨 몽룡의 이야기가 사람들에게 감동을 준다.

'5단 구성' 글쓰기도 있습니다. 이는 3단 구성의 내용 가운데 중간인 '전개' 부분을 더욱 세분화한 구성입니다. 이 형식은 논문을 쓸 때 효과적이라고 알려져 있죠. 이를 한글과 한자로 함께 표현하면 '기(起)-승(承)-보(補)-서(敍)-결(結)'의 구조입니다. 참고로 5단 구성은 클래식 음악인 소나타 형식에서도 찾아볼 수 있습니다. 소나타 형식은 '서곡-제시-전개-재현-마무리' 구조를 갖습니다. 소나타 형식의 음악이 5단 구성으로 이루어졌다는 것 정도는 상식으로 알아둘 만합니다.

　마지막으로 '두괄식 구성, 미괄식 구성, 쌍괄식 구성' 등도 간략히 소개합니다. 앞서 비즈니스 글쓰기를 대표하는 '두괄식'은 결론을 앞에 두는 것이라고 말했습니다. 결론이 앞이냐 뒤냐, 또는 앞뒤로 반복했느냐에 따라 두괄, 미괄, 쌍괄로 나누어 부릅니다. 두괄식 글쓰기는 비즈니스 글뿐 아니라 우리가 매시간 접하는 뉴스의 원고가 대표적입니다. 뉴스 앵커가 결론부터 알린 후 점차 자세한 이야기를 풀어가니까요. 미괄식 구성 역시 일반적인 글쓰기 형태 중 하나입니다. 독자 입장에서는 결론을 알기 위해 글을 처음부터 끝까지 읽어야 하기 때문에 미괄식으로 글을 쓸 때에는 흥미와 관심을 잘 반영해서 써야 합니다. 글의 중간에 유명한 일화, 흥미로운 데이터 자료, 저자 경험 등을 적절히 녹여내는 것이 팁입니다. 쌍괄식 구성으로는 나의 주장을 글의 처음과 마지막 두 번에 걸쳐 제시합니다. 강한 인상을 주고자 할 때, 어떤 내용을 더욱 강조할 때 유용하지만 자칫 지루함을 줄 수도 있습니다. 어떤 내용을 앞뒤로 반복할 경우, 같은 내용을 소개하는 대신 표현으로 바꾸어 글을 쓸 필요가 있겠죠.

　내가 쓰려는 글의 목적에 따라 글의 구성도 달라져야 합니다.

소개를 생략했지만 무괄식 구성 글쓰기도 있습니다. 작가가 글의 결론을 모호하게 숨기고 판단을 독자에게 맡기는 경우 사용합니다. 이솝우화 같은 풍자적인 글이 대표적이죠.

펼쳐진 글감과 소재를 어떤 구성에 끼워 맞출지는 작가의 판단입니다. 글감을 주욱 펼쳐놓은 채 어떤 내용끼리 묶고 여떤 형식으로 구성할지 고민해보시기 바랍니다.

03 _ 브레인스토밍 글쓰기

좋은 아이디어를 효과적으로 도출하는 방법 중 하나가 브레인스토밍입니다. 글쓰기에도 브레인스토밍을 적절히 활용할 수 있습니다. 흥미로운 사실은 브레인스토밍을 활용한 글쓰기도 3단계 과정을 따른다는 점입니다. 3단계 과정은 ①리스트 만들기(Listing), ②비슷한 것끼리 묶기(Grouping) ③묶음에 제목 달기(Titling)로 이루어집니다.

① 리스트 만들기, Listing

여기서는 주제와 관련 있는 것들, 생각나는 것들을 자유롭게 쓴다. 리스트를 쓰는 것이니까 리스팅(Listing)이라고 부른다. 가령, '꼰대가 되지 않는 방법'이라는 주제의 글이라면 관련 이야기나 생각나는 것들을 제약 없이 써본다. 남에게 보여주는 글이 아니니까 내 생각을 알아볼 수 있도록 간단히 메모하듯 적는다. 리스트를 만들 때 인터넷 검색이나 도서관에서 직접 자료를 찾아도 좋다. 꼰대였던 옛 상사를 떠올려 일화를 메모해도 좋고, '이런 모습이 꼰대일 것 같다'라는 상상력을 동원해도 된다. 자유롭게 최대한 많이 쓰는 게 목적이다.

② 비슷한 것끼리 묶기, Grouping

두 번째 단계는 ①단계에서 쓴 내용들 중 비슷한 것끼리 묶는 그룹핑(Grouping)이다. 똑같은 리스트일지라도 다양한 방법으로 묶을 수 있다. 묶는 일은 글을 쓰는 사람의 생각이 반영되는 작업이다. 우리가 글을 묶을 때에는 의도가 있다. 글 쓰는 사람이 어떤 개념과 의도를 가졌는지가 그룹핑 과정에서 드러난다. 비교적 짧은 글이라면 3개로 묶어보자. 이는 자신이 전하고 싶은 말에 설득력을 부여한다. '하나의 묶음에 한 가지 사례가 들어가면 좋겠다'는 생각으로 묶어도 좋다. ①리스트 만들기 단계에서 쓴 내용을 모두 묶을 필요는 없다. 묶는 과정에서 빠지거나 완성도를 고려해 리스트를 새로 추가할 수도 있다. '분류하고 나누고 묶는 일'은 논리적인 사고의 핵심이다. 사람들은 좀 더 논리적으로 분류하고 나누는 방법으로 MECE(Mutually Exclusive Collectively Exhaustive)를 생각한다. MECE는 '상호배제와 전체 포괄'이라는 뜻이다. 즉 '겹치지 않으면서 빠짐없이 나누는 것'이다. 우리가 다루는 대부분의 이슈를 완벽하게 MECE 방법으로 분류할 수는 없다. 그렇지만 대략적으로나마 MECE 방법을 따라 분류하는 연습이 논리를 갖춘 글쓰기 연습이 된다.

③ 묶음에 제목 달기, Titling

세 번째 단계는 그룹으로 묶은 것에 제목을 다는 작업인 타이틀링(Titling)이다. 앞서 비슷한 내용끼리 묶는 작업을 할 때에는 글쓰는 사람의 생각이 반영되어 '어떤 개념을 갖고 묶는다'고 설명했다. 그 개념을 명확히 확인하는 작업이 타이틀링, 즉 제목을 다는 일이다. 생각의 덩어리에 작은 이름표를 붙이는 일인데, 이렇게 제목까지 붙이면 하나의 주제에 대한 여러분의 생각이 몇 가지로 분류된다. 그리고 한 덩어리의 완성된 글이 만들어진다. 어떤 내용에 제목을 붙일 때에는 아래의 내용을 염두에 두어야 한다.

- 글의 목적과 관점이 잘 드러났는가?
- 전체 내용을 아우르고 있는가?
- 제목에 독자의 관심을 끌 만한 단어를 사용했는가?
- 최근 유행어나 키워드를 활용한 제목인가?
- 어감이 좋고 기억하기 쉬운 제목인가?
- 상위 부류(장) 또는 하위 부류(절) 제목들의 글자 수가 적당한가?

1장에서 소개한, 생각을 펼치는 1단계에서는 창의적인 아이

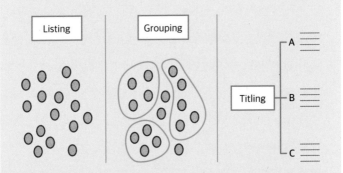

브레인스토밍 3단계 글쓰기 요약

좋은 글의 공통점은 재미와 흥미를 갖춤과 동시에 오류나 비약 없으며 설득력 있는 구조를 갖추고 있다. 창의적이고 논리적인 글이다. 브레인스토밍 ① 단계에서 리스트를 만들 때 흥미로운 소재, 독특한 이야기, 이 통찰력 있는 내용을 많이 모으면 좋다. 글의 재미와 흥미 요소, 그리고 창의적인 글이 되느냐 마느냐가 여기서 판가름 난다.

②단계 리스트의 내용을 그룹으로 묶을 때, 논리 오류나 비약이 없는지 살펴본다. 논리적으로 나누고 분류하면서 글을 정리할 때 기억해야 할 것이 있다. 그룹으로 묶을 때 '독특한' 연결을 시도하는 것이다. 직관적이고 주관적인 연결로 시작해보자. 새로운 연결은 남들과 다른 관점의 글을 쓰도록 돕는다.

그리고 마지막 ③단계를 통해 묶은 글들에 적절한 제목을 달아보자. 제목을 붙일 때에는 145쪽에서 소개한 6가지 내용을 참고하자.

이어와 생각이 필요합니다. 그리고 글의 소재를 잘 정리하는 2단계에서는 논리적 과정이 뒤따라야 합니다. 앞서 언급했듯 창의적인 생각을 할 때에는 '연결'이라는 키워드가 중요하고, 논리적으로 정리할 때에는 '분류'가 중요합니다. 분류는 같은 내용끼리 묶는 것인데, 그룹핑이라고 부릅니다. 비슷한 종류를 그룹(Group)으로 묶는 일이죠.

그런데 여기서 하나 더 알아야 할 내용이 있습니다. 여러분이 애써 수집한 글감을 논리적으로 정리할 때 '중복이나 누락 없이' 나누는 것이 중요하다는 것! 경영컨설턴트들은 이를 영어 약자로 'MECE'라고 부릅니다. 이에 대한 보다 자세한 내용은 브레인스토밍 글쓰기 내용 중 '②비슷한 것끼리 묶기(144쪽)'를 참고하시기 바랍니다.

04 _ 오레오(OREO) 공식

글의 느낌과 내용은 당연히 쓰는 사람의 목적에 따라 달리 나타납니다. 누군가를 설득하기 위한 글, 무엇을 설명하는 글, 자기주장이 강한 글, 가볍게 제안하는 글, 사실 관계 전달 목적의 글 등이 있습니다. 여기서는 상대방을 설득하는 글쓰기를 살펴보겠습니다.

설득하는 글쓰기 중 대표적인 방법이 스파크스 박사(DR. J. E. Sparks)가 창안한 '오레오(OREO: opinion, reason, example, opinion) 공식'입니다. 스파크스 박사는 고대 아리스토텔레스에서부터 현대 유명한 작가의 글을 두루 연구했습니다. 그는 2000년 동안 우리에게 영향력을 준 글들뿐만 아니라, 중세와 근대 그리고 현대 작가들의 글을 살펴보다가 흥미로운 사실을 발견했습니다. 여러 작품과 문헌의 글들 중 특히 설득력을 갖춘 글들은 일정한 패턴이 있다는 것입니다. 스파크스 박사는 이 패턴을 간략한 공식으로 나타냈고, 그것이 '오레오 공식'입니다.

오레오 공식을 활용한 글쓰기는 자신의 주장(Opinion)을 먼저 제시하고 그 이유와 근거를 밝힙니다. 그리고 관련 사례를 소개한 후 다시 한 번 자신의 처음 주장을 강조하며 마무리하는 4단계 과정입니다. 4단계 중 2단계에서 논리적 근거(Reason)를 대고, 3단계에서는 사례(Example)를 제시해 공감을 이끌어냄으로써 설득력 갖춘 글이 됩니다. 그러니까 오레오 공식은 상대방을 설득하는 데 목적이 있다고 봐야 합니다. 오레오 순서대로 4단계로 글을 쓰면 논리를 갖춘, 그리고 공감을 이끌어내는 글이 만들어집니다.

O _____

R _____

E _____

O _____

오레오 4단계별로 간략히 핵심 문장을 만들고, 이를 전체적으로 하나의 단락으로 묶으면 괜찮은 글이 되겠군요. 오레오 공식을 적용한 글쓰기 또한 쉬운 글쓰기 방법 중 하나로 기억하면 좋습니다. 오레오 공식을 잘 다루면 설득력 있는 글, 기획서, 제안서, 프레젠테이션, 이메일, 보도자료, 연설문 등 다양한 글쓰기를 시도해볼 수 있습니다. 오레오 공식 글쓰기 4단계는 아래 내용을 참고하세요.

- Opinion: 자신의 주장

  먼저 자신의 의견과 결론을 제시한다. 머뭇거림 없이 핵심부터 제시해 주장한다.

- Reason: 이유와 근거

  자신이 왜 그런 주장을 하는지 타당한 이유와 근거를 제시해 논리를 세우는 단계다. 상대를 설득하려면 논리가 있어야 한다. 결론에 대한 명확한 이유와 근거이기 때문에 매우 중요한 단계다.

- Example: 관련 사례

  이유와 근거를 제시한 후 연관 사례를 소개한다. 잘 알려진 사례뿐 아니라 자신이 실제로 겪은 경험을 주장의 근거로 만들어 제시한다. 2단계에서 이유와 근거를 제시하는 것이 논리적 과정이라면, 사례를 제시하고 관련 이야기를 들려주는 것은 감성적 접근이다. 글로 상대방을 설득하려면 논리뿐 아니라, 정서적 교류인 공감도 필요하다. 사례 제시는 공감을 이끌어내기 위한 작업이다.

• Opinion: 자신의 주장 반복

이야기를 마무리하면서 처음 밝힌 자신의 주장과 의견을 다시 강조하며 제안한다.

한 가지 팁을 공유하자면, 오레오 공식을 활용한 글쓰기는 1장에서 소개한 글쓰기 1단계에도 적용이 가능합니다. 물론 글을 차분히 정리하는 2단계에서도 이 공식을 적용할 수 있습니다.

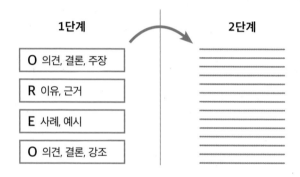

오레오(OREO) 4개 빈칸을 만들어 채울 때 역시 짧은 문장이나 한 단어로 써도 됩니다. 일단 오레오 법칙을 응용하여 4개의 단문을 만들고, 2단계로 넘어가 각 문장을 연결해서 잘 묶으면 한 문단이 완성됩니다. 물론 한 문단으로 정리하는 작업을 한 번에 끝낼 필요는 없겠죠. 글을 정리 과정에서 내용을 수정하거나 새롭게 다른 이야기를 추가하는 작업은 늘 있는 일입니다.

05 _ 오레오 채우기

미국에서는 어린 초등학생들의 글짓기에 오레오 공식을 활용합니다. 아래 제시한 템플릿처럼 오레오 공식을 가공한 빈칸에 글을 적는 겁니다. 이 방법은 여러 대학에서도 학생들의 글쓰기 틀로 제시됩니다. 오레오 공식도 빈칸을 채우며 생각을 정리한 후 글로 옮기는 지도법이라 볼 수 있습니다. 오레오 템플릿을 활용한 빈칸 채우기는 1단계 글쓰기와 유사합니다. 자유롭게 스케치하듯 내용을 펼치는 일이죠. 그리고 2단계는 템플릿에 채워진 단어나 짧은 문장을 적절히 묶고 수정하여 완성형 문단으로 정리합니다.

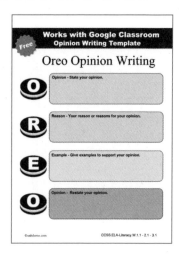

오레오 글쓰기는 장문보다 단문에 효과적

호흡이 긴 글을 오레오(OREO) 글쓰기로 채우는 것보다 전체의 글 중 일부를 쓸 때 이 법칙을 활용하는 경우가 더 많다. 물론 비교적 글이 짧고 특정한 주장의 칼럼이라면 오레오 법칙으로 글 전체를 작성할 수 있다. 그러나 오레오 글쓰기는 어떤 글의 중간 중간에 자신의 주장을 하고 싶을 때, 그리고 강렬한 결론을 전달하고 싶을 때 더욱 효과적이다.

오레오 글쓰기는 설득력과 논리를 바탕으로 한다. 따라서 보고서, 기획서처럼 비즈니스 글쓰기에 활용하면 효과가 좋다. 개인적인 글을 쓸 때에도 논리가 있어야 한다. 논리가 상대를 설득시키는 요소다. 오레오(OREO) 순서로 글을 쓰면 논리가 만들어진다는 것을 기억해 두자. 내가 어떤 주장을 펼쳐 상대방을 설득할 때에는 R(reason)에 해당하는 이유와 근거가 있어야 하고, E(example)에 해당하는 적당한 사례나 스토리가 들어가야 한다. 참고로, 논리적인 글쓰기가 아니라면, 굳이 오레오 순서를 반드시 지킬 필요는 없다. 에세이의 경우 사례 부분의 스토리를 글의 첫 부분에 제시함으로써 독자의 관심을 끌 수 있고, 그것을 논리적으로 설명하면서 결론짓기도 한다.

오레오 공식의 활용은 이메일, 기획서, 보고서, 프레젠테이션 등 직장에서 요구하는 글쓰기에도 유용하고, 특히 설득력을 갖추어야 하는 연설문이나 웹상에서 자신의 이야기를 소개하는 SNS 활용에도 도움을 얻습니다. 이 방법은 쉬운 글쓰기를 할 수 있도록 유도합니다. 완성된 짧은 글을 쓸 수도 있고, 때때로 긴 글 중 어느 한 부분에 들어가는 한 단락의 글을 쓸 수도 있겠죠.

글을 쓰다가 자신이 주장하고 싶은 이야기가 떠오를 경우, 오레오 공식 빈칸을 그리고 하나씩 채워봅시다. '글 쓸 시간도 없는데, 꼭 이렇게까지 해야 하나?'라는 생각이 들 수도 있습니다. 그러나 제가 오레오 공식 글쓰기를 종종 활용해본 결과, 많은 도움을 받았습니다. 설득력 갖춘 글을 만들 때 빠른 글쓰기를 돕기도 합니다.

06 _ 설득과 논리

        오레오(OREO) 공식을 활용할 때, 첫 단계인 O(Opinion, 주장과 의견)에서 결론부터 제시한다고 했습니다. 빠른 결론을 알기 원하는 요즘 사람들의 성향을 고려한 것이죠. 이런 경향은 비즈니스 글쓰기에서 살펴볼 수 있습니다. 만약 여러분이 직장 상사에게 보고서를 써야 한다면, 보고서를 읽게 될 윗사람의 입장을 고려해야 합니다. 경황 보고나 설명을 지루하게 늘어놓으면 '보고서를 다시 제출하라'는 이야기를 듣기 십상입니다. 보고서는 결론부터 꺼내야 잘 먹힙니다.

        나보다 직급이 높은 의사결정권자 또는 의사결정에 영향력을 행사할 수 있는 상사 입장에서는 보고서를 일일이 읽어볼 시간이 없습니다. 바쁜 상사, 의사결정권자는 빠른 결론을 알기 원합니다. 결론이 마음에 들어야 다음 내용을 검토할 게 분명합니다. 잊지 마세요. 비즈니스 글쓰기는 결론부터 제시해야 좋습니다.

오레오(OREO) 법칙의 두 번째 R(reason 이유와 근거)은 논리와 밀접한 관련이 있습니다. 논리란 이유와 근거를 제시하면서 내가 주장하는 결론의 타당성을 뒷받침합니다. 원인과 결과로 생각하는 것이 논리적이고 과학적입니다. 내가 왜 그런 결론을 얻었는지 독자가 충분히 납득할 수 있는 이유와 근거가 제시되어야 합니다. 이유와 근거가 부족하면 설득의 힘을 잃습니다. 따라서 논리적인 글쓰기 과정은 어떤 주장에 대한 이유와 근거를 명확히 밝히는 일이 함께 이루어져야 합니다. 이유와 근거가 약하면 주장이 통하지 않습니다. 통하기는커녕 뜬구름 잡는 이야기, 허언, 과대망상이라는 비난을 받을 수도 있죠.

합당한 이유, 근거도 없이 '그냥 그렇게 결론을 내고 싶었어요'라고 쓴 글은 외면을 당합니다. 어린 아이들도 자신이 원하는 결과를 얻기 위해 나름 합당한 논리를 펼칩니다.

"엄마, 숙제 다 했으니까, 유튜브 30분만 봐도 되겠죠?"

논리의 목적은 상대방을 설득하는 데에 있습니다. 사람들은 상대를 설득하고자 논리적인 사고를 합니다. 그런데 논리가 정확하다고 해서 상대를 완벽히 설득할 수 있는 건 아닙니다. 물론 그렇게 생각하는 사람도 있지만, 논리와 함께 우리가 하나 더 고려해야 할 것이 공감과 이해 능력입니다. 많은 사람들이 상대방을 설득하는 방법으로 논리와 공감 능력을 꼽습니다. 이때 논리는 절대적으로 필요하고, 논리만으로는 설득할 수 없으니 공감과 이해 능력을 갖고 있어야 합니다. 심리학에서도 상대방을 설득하기 위한 여러 가지 이야기를 강조합니다만, 결국 상대를 설득하는 기술은 논리와 공감이 큰 비중을 차지합니다.

결론과 이유는 동시에 존재합니다. 어떤 결론이 있다면 다 이유가 있게 마련입니다. 거꾸로 어떤 이유가 있다면 그에 따른 결론이 만들어지게 마련입니다. 이유에서 출발하면 '그래서 어떻게 하면 좋을까?'와 같은 질문으로 결론에 도달합니다. 반대로 결론에서 출발하면 '왜 그렇지?'라는 질문으로 이유를 찾을 수 있습니다. 논리적인 글쓰기에서도 결론과 이유가 함께 존재해야 합니다. 간혹 어떤 글들은 분명한 결론이 있기는 해도 이를 뒷받침해줄 이유가 빠진 경우가 있습니다. 또 이런저런 이유가 있지만 이

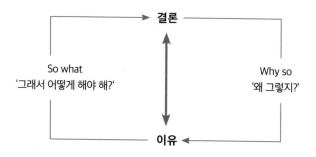

상한 결론에 이르는 글도 많습니다.

우리는 이유와 근거를 약간 구별해서 생각해볼 필요가 있습니다. 나의 논리적 추론을 이유라고 할 때 객관적인 데이터를 근거라고 할 수 있겠죠. 결론에 대한 이유와 근거가 있어야 한다면 논리적 생각과 그것을 뒷받침하는 객관적 데이터가 있어야 합니다. 다음 내용을 함께 살펴봅시다.

"나갈 때 우산 갖고 가라."

"나갈 때 우산 갖고 가라. 비가 올 거 같아."

"나갈 때 우산 갖고 가라. 비가 올 거 같아. 뉴스에서 비 올 확률 70%래."

첫 번째 문장에는 주장만 있습니다. 두 번째는 주장과 이유를 제시합니다만 근거가 부족합니다. 세 번째 문장에는 주장과 이유, 그리고 객관적인 근거까지 함께 제시합니다. 첫 번째와 두 번째 이야기로는 상대방을 설득하는 데 한계가 있습니다. 어린 아이들은 자신이 생각하는 것을 다른 사람도 똑같이 생각한다고 여깁니다. 그래서 자신이 주장만 하면 남들도 그것을 충분히 이해할 거로 생각합니다. 이유와 근거가 부족한 주장을 하면서 남들이 자기 이야기를 이해하고 수용할 거라 생각한다면 아이와 같은 발상입니다.

다시 두 번째 문장을 살펴봅시다. 이 문장은 이유를 간단히 제시하고 있습니다만, 왜 그런 생각을 했는지 이유가 빠져 있어 상대를 설득할 수 없습니다. 만약 상대방이 일기예보를 접하지 않았다면, 화자가 왜 비가 올 거라고 판단했는지 알 수 없습니다. 자신이 알 수 없는 것에 사람은 마음을 열지 않습니다. 몰라서 동의할 수 없으니까 아무리 좋은 의견, 조언이라도 받아들이기가 어렵습니다. 세 번째 문장처럼 내가 왜 그렇게 생각했는지 근거를 제시해야 상대에게 통합니다.

07 _ 설득을 넘어 공감까지

　　　　　　　논리적 이유와 근거가 충분한 글을 완
성했다고 해봅시다. 충분히 만족하는 글이 되었을까요? 한 가지
놓친 게 있습니다. 내 글을 상대방이 쉽게 이해하고 공감하려면
관련 사례를 스토리로 제시해야 합니다.

　스토리텔링을 연구하는 사람들에 따르면, 우리는 딱딱한 논
리보다 이야기 흐름을 가진 스토리를 더 좋아하고 오랫동안 기억
한다고 합니다. 그래서 주장과 논리로 가득 찬 논문은 머릿속에
서 쉽게 잊히고, '옛날 옛적, 호랑이가 담배 피우던 시절에~'로 시
작하는 이야기는 오랫동안 기억합니다. 오랜 시간 입으로 전해진
'구전(口傳)'이 사라지지 않고 지금까지 통하는 건 스토리가 가진
특유의 힘 때문입니다. 관련 사례를 이야기로 만들어 전달하면 읽
는 사람을 설득시키고 감성적인 부분까지 파고들 수 있습니다.

딱딱하고 일방적인 주장보다 관련된 이야기를 제시해야 합니다. 관련 사례 없이 설명만 나열한 글은 지루합니다. 대부분 조금 읽다가 금세 읽기를 포기하는 이유가 여기에 있습니다. 머리로 이해하는 일과 마음으로 공감하는 일은 완전히 다른 차원의 이야기입니다. 글쓴이의 생각과 의도를 읽는 사람이 충분히 이해할지라도 공감할 수 없다면 실패한 글입니다. 그런데 이해와 공감 사이에는 미묘한 간격, 차이가 있습니다. 나의 주장을 설득력 있게 전달하고 싶다면 논리 말고 정서적 공감을 느낄 만한 무언가가 포함되어야만 합니다. 앞서 오레오 법칙에서도 어떤 주장에 대한 논리적 설명 이후에 관련 사례를 제시했습니다. 기억하기 쉬운 이야기로 구체적인 사례를 제시하면 공감을 이끌어내는 데 도움이 됩니다.

'아버님 댁에 보일러 놔드려야겠어요!'
'우리에겐 회복하는 힘이 있습니다! 피로 회복엔~'

물건을 파는 기업들의 광고 카피, 이를 꿀 같은 목소리를 가진 성우가 들려주면 우리의 감성에 와 닿습니다. 기업들이 소비자들의 감성을 자극해 짭짤한 재미를 보기 때문에 이런 광고가 많이 유통됩니다. 사람들은 논리를 앞세운 글보다는 감성적인 유대감과 공감을 제공하는 문장에 마음을 엽니다. 광고 또한 소비자들에게 어필할 때 필수적인 요소로 감성과 공감을 손꼽습니다. 때때로 사람들은 논리를 그다지 중요하게 생각하지 않습니다. 어쩌면 마음 가는 대로 행동하는 것이 감성 충만한 인간의 특성인지도 모르겠습니다. 총알이 머리 위로 날아드는 전장에 나선 군인은 내 전우가 총에 맞는 모습을 목격하면서도 더 맹렬히 적진을 향해 달려가며 총을 쏩니다. 이성적, 머리로는 충분히 죽음의 공포를 이해하지만 전우애라는 감성과 공감이 있기에 죽음을 뛰어넘는 용기가 생겨나는 것입니다.

요즘 많은 분들이 SNS 활동에 많은 시간을 쏟아 붓습니다. SNS에 자신의 정보뿐 아니라, 자기가 느낀 감성을 공유하는 시대입니다. '좋아요!' 클릭 수가 많은 글이나 사진 게시물의 공통점은 뉴스 같은 정보가 아닌 감성적인 내용들 일색입니다. 이런 흐름을 감지했다면, 감성적으로 공감할 수 있는 사례나 스토리를 나의 글에 포함시켜야 합니다. 그런 글이 주목을 받고 설득의 힘을 갖게 마련이니까요.

어떤 이야기를 주장하고, 주장에 대한 이유와 근거까지 제시했다면, 감성을 자극해 공감을 이끌어내는 스토리를 만들어봅시다. 넘어올 듯 말 듯한 그로기 상태의 독자를 나에게 넘어오도록 만드는 비장의 무기가 감성 자극이 아닐까요?

08 _ 육하원칙(六何原則)

'문장을 만들 때 기본적으로 지켜야 하는 원칙'

우리가 학교에서 가장 먼저 배우는 글쓰기 원칙이 있죠. 다름 아닌 육하원칙입니다. 글을 쓰기 전 너무 많은 생각이 떠오르거나 반대로 아무 생각도 안 날 때, 육하원칙 순서를 따르면 간단한 글이 됩니다. 여러분도 알다시피 영어로는 '5W1H'라고 부릅니다.

우리말과 영어는 어순이 다르지만 한 문장에 포함될 6가지 내용(누가, 언제, 어디서, 무엇을, 어떻게, 왜)은 우리 말이든 영어든 공통적으로 같습니다. 육하원칙은 정리되지 않은 글감, 생각, 아이디어를 간단히 글로 정리하는 단순하면서도 쉬운 방법이 됩니다. 이 육하원칙을 하나의 글쓰기 틀(박스, 프레임)로 생각할 수도 있습니다.

프레임워크(framework)는 경영 컨설턴트들이 주로 활용합니다. 어떤 틀(박스)을 갖추고 그 틀에 맞추어 생각하는 거죠. 일단틀, 뼈대를 만들고 그에 맞추어 생각하는 일을 글쓰기에도 충분히 적용할 수 있습니다. 글의 틀을 미리 정해놓고 그 틀에 글을 채우면 프레임워크 글쓰기가 됩니다. 바로 육하원칙이 대표적인사례입니다.

1단계   **2단계**

누가(who)

언제(when)

어디서(where)

무엇을(what)

어떻게(how)

왜(why)

육하원칙은 글쓰기 1단계(글감, 소재, 아이디어를 모으는 단계)에서도 활용할 수 있습니다. 생각을 자유롭게 펼치고 확장할 때 육하원칙(5W1H) 박스를 만들어 채우면 됩니다. 그렇게 하나씩 채워진 내용을 2단계로 정리합니다. 가령, 창의성에 관한 글을 쓴다고 할 때, 어떻게 접근해야 좋을지 조금은 막막할 수도 있습니다.

이때 육하원칙 박스를 적절히 이용해 글의 방향을 잡아볼까요?

- **Who 창의성**: 창의적인 사람은 어떤 사람이고 어떤 특징을 갖는가?
- **When 창의성**: 창의성은 언제 가장 잘 발현되는가?
- **Where 창의성**: 창의성은 어느 곳에서 발견하고, 어디에 숨어 있는가?
- **What 창의성**: 창의성은 무엇이고 어떻게 정의할 수 있나? '창의성이란 ~~이다'의 형태로 유명인들이 남긴 명언이 있을까?
- **How 창의성**: 창의성은 어떻게 발휘할 수 있는가?
- **Why 창의성**: 왜 창의성이 필요한가? 4차 산업혁명 시대에 창의성을 강조하는 이유는 무엇일까?

　육하원칙 글틀을 채워가면서 창의성에 대해 어떤 말을 하고 싶은지 알 수 있습니다. 위의 사례에서는 간단히 적었지만 'Who'라는 박스에 '유대인들은 창의성을 발휘하여 노벨상을 많이 받았다. 그 이유는 무엇일까?'라는 좀 더 자세한 이야기를 첨가할 수도 있습니다.

　'When' 박스에는 '르네상스 시대에 인류의 창의성이 폭발적으로 증가한 이유는 무엇일까?'라는 질문을 만들 수도 있겠죠. 육하원칙 글틀을 만들어 글감을 늘어놓고, 그 이야기들 중 글로 옮길 만한 내용을 골라서 정리하는 연습도 해보시기를 바랍니다.

때로는 누구나 아는 정보나 이야기 속에 진주가 숨어 있기도 합니다. 중요한 건 삶에서의 적용과 실천입니다. 잘 알려져 익숙해도 자주 써먹지 않으면 소용없습니다. 대표적인 사례가 육하원칙일 겁니다.

09 _ 박스의 법칙

글쓰기란 자유롭게 생각을 펼쳐 생각의 여행을 하고, 거기서 얻은 이야기를 내가 원하는 방향으로 정리해 질서를 잡는 일입니다. 앞서 말했듯 자유가 너무 많으면 글쓰기가 서툰 사람일 경우 막막하고 불안함을 느낄 수밖에 있습니다. 이때 도움 받을 수 있는 것이 '글틀'입니다. 글틀을 빌려 자유를 일부 제한하는 일은 첫 단계를 건너뛰고 중간 단계에서 시작하는 일이라고 볼 수 있겠습니다.

앞에서 소개한 육하원칙 글쓰기에서는 6개 틀이 필요합니다. 5W1H가 글쓰기 프레임 역할을 하는 거죠. 그런데 글쓰기 프레임은 꼭 6개가 아니더라도 상황에 따라 틀의 개수를 줄이거나 늘리는 등 다양하게 만들어 활용할 수 있습니다. 1장에서 소개했듯이 자기소개서의 경우 특별한 글쓰기 제약이 없습니다. 그냥 내가 쓰고 싶은 대로 쓰는 것이 자기소개서입니다. 형식에 제약이 없다보니 어떻게 써야 좋을지 망설이고 주저합니다. 많은 자유가 막막함을 제공하기 때문이죠. 이 경우 자유를 일부 제약하거나 포기하면 오히려 도움이 됩니다. 쉬운 접근법은 글쓰기 틀을 빌리는 것입니다.

글의 틀은 내가 만들어도 좋고, 다른 사람이 만든 것을 모방해도 상관없습니다. 글의 내용을 베끼는 게 아닌 구조, 틀을 빌리는 것이니까 문제가 되지 않습니다. 사람들이 흔히 사용하는 글쓰기 틀은 여럿 있습니다. 글쓰기가 막막할 때 그런 틀을 공식처럼 사용하면 도움이 되겠죠. 2장에서 하나씩 소개한 '3의 법칙', '오레오 법칙', '육하원칙' 등은 사람들이 즐겨 사용하는 틀들입니다. 이와 같은 글쓰기 틀을 활용하는 방법을 '박스의 법칙'이라고 부를 수 있을 것 같군요. 직장인들의 경우 회사가 마련한 각종 서류양식에 익숙할 텐데 기획서, 보고서, 제안서, 품의서 등은 능률을 고려해 '글틀, 박스의 법칙'을 활용한 사례로 볼 수 있습니다. 저는 이들을 '비즈니스 박스'라고 부르겠습니다.

비즈니스 박스는 업무와 연관된 글쓰기에서 많이 활용합니다. 기획서, 보고서, 제안서, 품의서의 형식을 미리 만들고 그 틀에 맞추어 글을 쓰는 것입니다. 보고서의 경우 주로 '이슈, 결론, 이유, 근거'의 순서로 글을 배치합니다. 그림에서 보듯 크게 4개 구조로 이루어집니다.

왠지 눈에 익숙한 듯한데, 오레오 법칙과 비슷하지 않나요? 보고서나 기획서는 논리적인 글쓰기를 강조하기 때문에 그렇습니다. 눈치 채셨겠지만 위에 제시한 비즈니스 박스는 오레오 법칙에서 논리적인 부분만 유지하고 있습니다. 만약 어떤 문제에 대한 해결안을 제시하는 비즈니스 문서라면 '문제, 원인, 해결안, 기대효과' 순으로 배치할 수도 있을 것 같군요. 많은 회사가 사용하는 글틀입니다. 각 기업이나 회사는 직원들의 협의를 거쳐 자신의 회사 스타일에 맞는 글틀을 만들어 사용합니다.

예전에 저는 한 대기업에서 강의를 한 적이 있습니다. 그 기업에서는 직원들에게 핵심만 간략히 적은 보고서를 쓰라고 강조하는 것이 인상적이었습니다. 호기심 많은 제가 궁금함을 못 참고 살짝 엿보니 1페이지 보고서 형식을 모든 직원이 사용하고 있더군요. 정말 간략한 보고서였습니다. 군더더기를 없애고 3개 내용만 적도록 한 보고서! 그러나 핵심을 파악하는 데에는 그만한 보고서가 없을 듯합니다. 시간과 에너지를 아껴 조직의 효율을 극대화하려는 목적이 있음을 알 수 있었습니다. 간단한 형식에 빈칸만 채우면 되니까, 훌륭한 보고서 멋진 글을 써야 한다는 부담도 덜하겠죠. 직원 모두가 정보 공유는 물론 아이디어를 쉽게 주고받는 커뮤니케이션이 가능합니다.

글틀의 형식에는 여러 가지가 있습니다. 정답이 있는 것도 아닙니다. 글틀을 설명하기 위한 하나의 사례지만, 글쓰기 틀을 마련해 자유를 조금 제한하면 효율적인 부분에서 이점이 생깁니다. 물론 글틀만 잘 채웠다고 해서 완벽한 글이 되는 건 아닙니다. 일단 간략히 채우고 그 내용을 바탕으로 살을 붙여 글을 써보자는 말입니다. 재차 강조하건대 완성도 높은 글은 수차례 수정과 첨삭 과정을 거치면서 만들어집니다. 이는 동서고금을 통틀어 글쓰기의 기본 상식입니다.

10 _ 박스(글틀) 만들기

비즈니스 글뿐 아니라, 실생활에서의 글쓰기에도 글틀을 활용할 수 있습니다. 그러니까 우리가 글을 쓸 때 글틀을 염두에 두자는 말입니다. 이미 누군가 만들어둔 글틀을 빌려도 상관없다고 말했습니다만, '이것과 관련해서 ~~순서로 이야기해보겠습니다'라는 식의 나만의 틀을 만들어 활용할 수도 있겠네요. 이런 시도는 글을 읽는 독자의 호기심을 자극하고 글의 개성을 살려주기도 합니다.

혹시 〈좋은 놈, 나쁜 놈, 이상한 놈〉이라는 영화를 기억하시나요? 오래된 영화이지만 제목이 무척 인상적이라고 생각합니다. 그래서 저는 간혹 글을 쓸 때 저 영화제목을 글틀로 활용했죠. '~와(과) 관련해 좋은 점, 나쁜 점, 특이한 점을 찾아 이야기해보겠습니다'라는 식입니다.

~와(과) 관련하여	좋은 점	
	나쁜 점	
	특이한 점	3개 순서로 이야기해 보겠습니다.

위에서 보듯이 박스를 3개 만들어 내용을 채운 후 소개하면 됩니다. 여기서 영화의 원제처럼 이상한 점이라고 말할 경우 부정적인 느낌을 줄 수도 있으니, 특이한 점이라고 바꾸어보았습니다. 제가 그랬던 것처럼 '좋은 점, 나쁜 점, 특이한 점'을 글틀로 활용해도 그럭저럭 괜찮아 보입니다. 가령 여러분이 어떤 책을 읽고 느낀 감상 또는 서평을 써야 할 경우라면 책을 읽으면서 느낀 '좋게 느낀 점, 부족하게 느낀 점, 흥미로운 점' 등을 떠올린 후 글틀로 활용할 수 있습니다. 이 역시 영화 제목에서 얻은 3개 이야기 구조를 변형해 활용한 사례가 됩니다. 이렇듯 주변을 잘 둘러보면 글을 정리하는 데 유용한 정보를 많이 얻을 수 있습니다. 인기를 끈 드라마 또는 영화 속 대사라든가 노래 가사, 주목받는 사회적 이슈, 신문의 헤드라인, 그리고 활성화된 블로그나 유튜브 채널 등도 유심히 관찰할 필요가 있습니다. 우리 주변의 일상들, 숱한 모습들 중에 글의 소재와 아이디어가 차고 넘쳐납니다. 이를 적절히 엮어 나의 글로 만드는 것입니다.

제가 처음 칼럼을 쓰던 시절이 떠오릅니다. 일주일에 한 편의

글이 먼저, 틀이 먼저?

글을 담아내는 틀은 미리 염두에 두지 않더라도 글을 구체적으로 쓰면서 만들어질 수도 있다. 그러니까 처음부터 글틀을 잡지 못했다고 해서 고민할 필요는 없다. 어떤 주제의 글을 구체적으로 써보면서 틀을 만들어갈 수도 있다. 예컨대 성공한 사업가가 어떤 모임에서 사람들에게 해줄 연설을 부탁받았다면, 그는 어떤 말을 해야 좋을까? 청중에게 귀감이 되는 말을 들려주기 위해 사업가는 근사한 연설문을 써야 할 것이다. 사업가는 자신이 하고 싶은 이야기를 메모도 하고, 여러 이야기를 시간 순서대로 떠올려보기도 할 것이다. 그렇게 생각을 열어 글감을 모아가다가 평소 알고 있는 글틀(이를 테면 '오레오법칙'이라든가 '박스의 법칙' 등) 안에 이야기를 옮겨다 적을 것이다. 써야 할 내용이 대략 정리되었다면 이렇게 진행되는 게 일반적인 글쓰기 순서다. 그런데 도무지 생각이 정리되지 않는다면 어떻게 해야 할까? 이럴 땐 '내가 쓰려는 비슷한 글이나 연설을 찾아 남들이 어떤 글틀을 사용했는지' 살펴보면 좋다. 가령, 미국 대학교의 졸업식에서 유명인사들이 졸업생에게 어떤 이야기를 들려주었는지 모니터링하면 글의 내용뿐 아니라 글틀(구조)까지도 알 수 있다. 결론적으로 글은 처음부터 어떤 틀을 미리 생각하고 쓸 수도 있고, 반대로 글을 쓰면서 틀을 만들어갈 수도 있다. 다만 누군가 만들어놓은 틀을 빌려 쓰는 것이 일반적인 글쓰기라는 점을 기억하자.

칼럼을 모 인터넷 사이트에 올리기로 했었죠. 당시 저는 초보 칼럼니스트였기에 A4 2장 분량의 글쓰기가 부담으로 느껴졌습니다. 그리고 무작정 칼럼을 쓰는 일이 전부가 아니었죠. 칼럼은 독자들에게 재미와 흥미까지 제공하면서 시의적절한 메시지도 전달해야 하는 고단한 작업이었습니다. 당시 제가 선택한 방법은 '스토리' 제시였습니다. 그래서 칼럼 도입부에는 늘 스토리를 배치했습니다. 스토리를 제시한 후, 그 스토리를 언급하며 전달하고 싶은 주장을 적절히 연결해 전체 메시지를 전달하는 방법이었습니다. 당시 제가 사용한 글틀은 아래 그림과 같은 2개 구조였습니다.

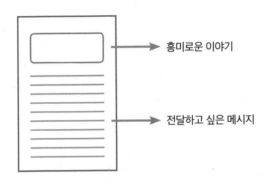

앞부분에는 내가 하고 싶은 이야기와 관련 있는 재미난 이야기를 소개하고, 후반부에서 제 생각을 정리해 풀어가는 방법이었죠. 처음에는 어려운 작업이었습니다. 그냥 하고 싶은 말을 쭉 쓰는 것보다 스토리를 찾거나 만드는 일이 힘들었습니다. 그러나 굳이 스토리를 먼저 제시한 이유는 나름의 전략이었습니다. 독자들에게 흥미와 재미있는 이야깃거리를 제공함으로써 더 많은 독자를 팬으로 유치하자는 계획이 있었던 거죠. 처음에는 스토리를 제시하며 글을 썼지만, 시간이 조금 지난 후에는 스토리 대신 재미난 그림을 칼럼 첫 부분에 넣기도 했습니다. 때로는 사회적인 이슈 등 모두가 함께 생각해볼 만한 질문을 던지며 칼럼을 시작할 때도 있었죠. 또 가끔씩 수학문제를 칼럼 첫 부분에 소개했습니다.

글의 앞부분에 흥미와 재미난 이야깃거리를 제공하겠다는 목적에 따라 이렇게 때로는 저렇게 글을 써보았습니다. 물론 칼럼을 통해 전달하고 싶은 메시지 작성에도 충실하고자 노력했죠.

참고로, 독자들의 시선을 붙잡기 위해 사례를 이야기로 구성한 저의 칼럼 하나를 소개합니다. 여러분도 이런 글쓰기가 충분히 가능합니다.

인간이 컴퓨터보다 더 똑똑한 이유

호주에는 어떤 이유에서인지는 몰라도 1달러 동전이 2달러 동전보다 더 크다.

호주 1달러 동전　　　　호주 2달러 동전

호주의 어떤 마을에 존이라는 소년이 있었다. 그는 행동이 어리숙하여 동네 형들로부터 바보라고 놀림을 당하곤 했다. 형들은 존이 나타나면 "존, 이리와 봐." 하고 부른 후 양 손바닥에 1달러 동전과 2달러 동전을 올려놓고 이렇게 말했다.

"네가 갖고 싶은 거 아무 거나 가져."

존은 항상 1달러 동전을 선택했다. 동네 형들은 1달러 동전이 2달러 동전보다 더 크기 때문에 존이 항상 1달러 동전만 잡는다고 생각하며 '저런 바보' 하며 낄낄거리고 사라졌다. 하루는 동네 할아버지 한 분이 존을 불러 말했다.

"존! 너는 1달러 동전이 크니까 그게 좋다고 생각하지만 2달러 동전은 1달러 동전 2개랑 같은 거란다. 작아 보여도 2달러 동전이 더 값어치 있는 거야."

할아버지의 말에 존은 이렇게 대답했다.

"저도 알아요, 할아버지! 하지만 제가 2달러 동전을 선택하는 순간 다시는 돈을 선택하라고 하지 않을 거고, 그럼 전 용돈이 끊기거든요."

존의 이야기는 인간이 컴퓨터보다 더 똑똑한 이유를 잘 보여 준다. 컴퓨터는 수동적으로 반응적 사고만을 할 뿐이다. 그러나 인간은 능동적으로 전략적 사고를 할 수 있다. 인간의 위대함은 누가 시키는 것을 수동적으로 대응하는 것을 넘어 스스로 생각하고 능동적으로 상황을 만들어가는 데 있다. 만약 컴퓨터에게

존과 같은 상황에서 동전을 선택하라고 하면 항상 2달러 동전만 고를 것이다. 컴퓨터는 미리 정해놓은 프로그램대로 일을 처리한다. 12시에 화단에 물을 주라고 프로그래밍을 해두면 컴퓨터는 어김없이 매일 12시에 화단에 물을 준다. 비가 많이 오는 날에도 컴퓨터는 우산을 쓰고 나가 화단에 물을 줄 것이다. 추가로 특별한 프로그래밍을 해놓지 않았다면 말이다.

컴퓨터는 똑똑한 기계의 대명사이지만 반응적이고 수동적인 시스템이라는 면에서 능동적 시스템을 가동하는 인간에 비해 훨씬 멍청하다. 그런데 우리는 과연 컴퓨터를 멍청하다고 할 만큼 능동적으로 생각하며 살아갈까? 스스로에게 물어보자. 과연 나는 내 일을 스스로 생각하고 능동적으로 살고 있는가?

11 _ 강제 연결 글쓰기

이번에는 미리 주어진 하나의 문장으로 시작하는 글쓰기 아이디어입니다. 구체적인 방법은 '엉뚱한 문장'으로 시작하는 것입니다. 가령, 아래 제시한 문장으로 시작하는 짧은 글을 자유롭게 써보는 겁니다.

'그때, 그 말을 하지 말아야 했다.'

위에 제시한 문장으로 시작하는 글을 여러분이 직접 써보는 것입니다. 다음 이야기가 어떻게 전개될지 저 역시 궁금합니다. 저 문장에 숨겨진 수많은 사연이 글로 만들어질 테니까요. 이와 같은 글쓰기가 일명 '강제 연결'입니다. 강제 연결 글쓰기는 친한 친구들과 함께 해봐도 좋습니다. 강제 연결의 또 다른 방법은 어떤 책의 중간을 무작정 펼친 다음, 처음 눈에 띈 문장을 나의 글쓰기 첫 문장으로 써보는 것입니다. 누군가 써놓은 글의 문장을 내 글의 문장에 인용해 나머지 글을 완성해가는 식이죠.

강제 연결은 글을 쓰는 재미를 한결 높여줍니다. 여러분의 일상과 주변에서 경험했던 일을 담담히 풀어나가는 수필, 또는 상상력을 동원해 그럴 듯한 이야기로 써보는 단편 소설도 강제 연결 글쓰기로 한번 시도해보시기 바랍니다. 어떤 글이 만들어질지 무척 궁금하군요.

지금까지 소개한 '글틀', '박스', '프레임'을 적절히 활용해 이를 채워가면서 글을 써보세요. 글쓰기에 앞서 두려운 생각이 들었다면 마음이 한결 가벼워질 것입니다. 그리고 방금 설명한 것처럼 누군가 써놓은 문장을 제시한 후, 그 문장으로 시작하는 글을 써보는 시도 또한 해볼 만합니다. 만약 10명이 이런 글쓰기를 한다면 비록 글의 첫 문장은 같더라도 이후 전개될 이야기는 분명 10인 10색일 것입니다. 우리 실생활에서 쉽고 자유로운 글쓰기를 실천하는 방법으로 특정 문장을 이용하는 것도 꽤 효과적입니다.

12 _ 콘크리트 법칙

우리는 첫인상의 중요성을 너무 잘 압니다. 그도 그럴 것이 우리가 처음 느낀 상대방의 첫인상은 쉽게 안 바뀝니다. 이를 '콘크리트의 법칙'이라고 부릅니다. 처음 몇 초, 짧은 시간에 첫인상이 결정되면 콘크리트처럼 굳어 좀처럼 변하지 않는다는 의미겠죠. 강의도 그렇고 글도 그렇습니다. 특히 글의 경우, 더욱 더 초반부에 첫인상이 결정됩니다. 도입 부분이 지루하거나 매력을 주지 못하면, 그렇잖아도 바쁜 사람들은 글을 끝까지 안 읽고 도망가 버립니다. 재미없고 무미건조한 글을 읽어간다는 건 고문과 같습니다.

첫인상으로 상대방의 호감을 끌어내듯 글의 첫문장이나 초반에 글을 읽고 싶도록 시선을 붙잡아야만 합니다. 그리고 한 가지 더! 아무리 좋은 내용이라도 내 글을 상대방이 끝까지 읽어줄 거라는 기대를 버려야 합니다. 그런 생각은 착각입니다. 사람들이 내 글을 끝까지는 아니더라도 꽤 많이, 오랫동안 읽도록 만들려면 글의 도입부가 중요하다는 점을 반드시 기억할 필요가 있습니다.

첫인상은 분위기뿐 아니라 생각을 고정시키는 역할도 합니다. 똑같은 내용일지라도 제시하는 순서에 따라 사람들은 다르게 해석합니다. 이와 관련한 유명한 실험이 있습니다.

Q : 다음 두 명 중 여러분은 누구와 일하고 싶습니까?

① 첫 번째 사람은 똑똑하고 성실하다. 솔직하고 적당히 비판도 할 줄 안다. 열의도 많고 줏대가 강하며, 그래서 때때로 기분에 따라 행동하는 기분파다.
② 두 번째 사람은 욕심이 많고 고집이 세다. 다른 사람의 실수를 눈치 보지 않고 잘 지적하여 주변 사람들을 당황하게 만든다. 해야 할 일에는 최선을 다하고 똑똑하다.

눈치 채셨나요? 질문에 등장하는 두 명은 동일인입니다. 분명히 같은 사람임에도 불구하고 첫인상에 따라 그에 대한 평가가 달라진다는 점을 강조한 실험입니다. 글도 그렇습니다. 글의 초반부를 어떻게 쓰느냐에 따라 글의 전체적인 인상이 완전히 달라집니다. 더 읽고 싶든가, 외면하든가 말이죠. 우리가 글의 처음을 어떻게 시작할지 고민해야 하는 이유가 여기에 있습니다.

13 _ 기승전결보다 '결승전'

글은 누군가에게 읽히기 위하여 존재
합니다. 중요한 것은 '내가 무엇을 썼는가?'가 아닙니다. '상대방
이 무엇을 읽었는가?'입니다. 글이 존재하는 이유가 독자에게 있
다는 점을 기억해야 합니다. 그러나 생각보다 많은 글들이 '글
의 존재 이유를 잊은 게 아닌가?'라는 생각을 갖도록 합니다. 작
가는 자신이 글을 써내려가는 성취감과 성공에 도취되어 독자를
헤아리지 못하는 글을 쓰기도 합니다. 글 읽는 사람을 배려하는
방법 가운데 하나가 결론이나 핵심부터 제시하는 일입니다. 그
러고 나서 그런 결론을 쓰게 된 이유와 근거를 논리적으로 설명
해야 합니다. 글 읽는 상대를 좀 더 배려하는 방법은 논리적인 이
유와 근거를 뒷받침하는 사례, 그리고 흥미로운 스토리를 추가
하는 것입니다. 앞서 소개한 'OREO 법칙'이 대표적이죠.

우리에게 익숙한 글쓰기 구조는 '기-승-전-결'입니다. 도입, 전개, 전환, 결론의 구조를 갖습니다. 3단 구조인 '서론 → 본론 → 결론'도 우리에게는 익숙한 글틀입니다. 두 가지 모두 결론이 뒤에 배치되는 공통점이 있습니다. 둘 다 전통적으로 오래된, 익숙하고 자연스러운 구조라지만 요즘 상황과는 조금 안 어울리는 글틀입니다. 요즘 글의 대세, 인기 있는 글의 구조는 '결-승-전' 입니다. 먼저 결론부터 제시한 후, 왜 그런 결론에 도달했는지를 하나씩 밝힙니다. SNS 사용에 익숙한 요즘 사람들은 빠른 결론을 알기 원합니다. 원하는 정보를 누구나 얼마든지 얻을 수 있는 세상이며 보고, 읽고, 판단해야 할 정보가 너무나 많습니다. 따라서 여러분의 글 시작 부분에 재미와 흥미를 곁들인 결론이 없거나 쓸모없는 정보를 나열하면 외면당하기 쉽습니다. 이와 같은 글쓰기는 직장 내에서 이루어지는 비즈니스 글쓰기에서도 흔한 일입니다. 앞서 밝혔듯이 비즈니스 글쓰기는 언제나 결론부터 제시합니다.

그런데 여기서 주의할 점이 있습니다. '결-승-전' 글쓰기라고 해서 상황 설명도 없이, 밑도 끝도 없이 결론을 제시해도 괜찮을까요? 이와 같은 결론 제시는 상대에게 반감만 줄 수 있습니다. 특히 일반 상식과 조금 결이 다른 결론이라면 더욱 그렇습니다. 일반 상식과 다른 결론을 글로 옮길 때에는 결론을 밝히기에 앞서 상황을 설명하는 것이 순서입니다. 상대방이 내가 말하려는 결론에 어느 정도 동의할 수 있는 환경을 만들어야 합니다. 일단 상대방이 마음을 열어야 일반적인 결론과 다른 주장을 읽으면서도 관심을 가질 테니까요. 뜨거운 프라이팬에 고기를 구워야 눌러 붙지 않고 맛있는 구이가 되듯이 상황 설명이라는 예열이 필요합니다.

젊은 부부가 고심 끝에 이혼을 결정하고 부모님께 말씀드릴 때, '결론부터 이야기하면 우리 이혼하기로 했어요'라고 한다면 어떨까요? 그날의 대화는 어렵게 흘러갈 수밖에 없습니다. 이혼할 수밖에 없는 상황 설명부터 나와야 합니다. 글을 쓸 때도 결론을 제시하기 전에 읽는 사람이 그 결론을 수용할 수 있는 분위기 조성이 필요합니다. 그리고 상황을 인식할 때에는 TPO, 즉 시간, 장소, 경우(Time Place Occasion)를 염두에 두어야 합니다. 같은 내용일지라도 시간, 장소, 경우에 따라 맞기도 하고 틀리기도 하니까 그렇습니다.

가령, 남자가 좋아하는 여자에게 고백하는 상황을 상상해봅시다. 남자가 진심으로 여자를 좋아하는 마음만 있다면 상황을 고려하지 않고 아무 때나 고백하면 남자의 고백이 통할까요? 멈추세요. 어리석은 생각입니다. 상황을 잘 활용합시다. 바쁜 아침 출근길에 여자를 찾아가 '좋아하니까 사귑시다!'라고 말하면, 좋다고 반길 여자는 없습니다. 고백이 무슨 회사 업무도 아니고 퇴짜 맞을 가능성만 높습니다. 프러포즈는 저녁 시간, 조금 높은 장소, 약간 불안한 상황을 활용해야 성공할 가능성이 높다고 합니다. 사람은 낮에 이성적이지만, 어둑어둑한 밤이 되면 감성적으로 변합니다. 높은 장소는 기압이 낮아 혈압이 높아짐으로써 심장이 약간 빨리 뛰도록 만듭니다. 불안한 상황에 놓인 사람은 친구를 원하고 누군가와 함께 하고 싶은 심리를 가집니다. 이처럼 프러포즈를 할 때에도 적절한 상황 활용이 중요합니다.

뭔가 새로운 주장을 내놓거나 획기적인 결론을 제시할 때에도 상황을 적절히 이용해야 합니다. 결론만 성급하게 내던지는 것이 아니라, 지루하지 않게 적절히 상황을 설명하면서 결론을 말해야 합니다.

14 _ 매력적인 첫 문장

　　　　　　글을 쓸 때 가장 어려운 부분이 첫 문
장입니다. 따라서 글을 쓰는 사람은 '처음 시작을 어떻게 해야 좋
을까?'를 가장 많이 고민합니다. 글의 첫 문장, 도입부의 중요성
은 아무리 강조해도 지나치지 않습니다. 독자의 관심과 시선을
붙잡아야 하니까요. 인상적인 글로 시작하기 위해 누군가의 글을
인용해도 괜찮다고 소개했었습니다. 예를 들면 이런 글입니다.

다윗이 반지 세공사에게 '내가 승리를 거두고 너무 기쁠 때에는
교만하지 않게 하고, 내가 절망에 빠지고 시련에 처했을 때엔 용
기를 줄 수 있는 글귀를 넣은 반지를 만들어오라'고 명령했다. 반
지에 어떤 글귀를 넣으면 좋을까 고민하던 세공사는 지혜로운
현자를 찾아가 도움을 요청했다. 현자는 잠시 생각한 후 이렇게
말했다. '이 또한 지나가리라' 지금 너무 괴로워서 슬픔에 빠져 있

는가? 또는 너무 좋아서 세상을 다 가진 기분이 드는가? 그 모든 것이 또 지나가는 것들이다.

내가 설명하고 싶은 내용과 관련하여 질문을 해보는 것도 글을 시작하는 괜찮은 방법입니다. 관련 사례를 함께 살펴봅시다.

스포츠 세계에서는 희한하게도 육상 경기에 흑인이 많고, 수영 경기에 백인이 많다. 왜 그럴까? 흑인은 근육의 밀도가 높아 부력이 작용하지 않는다. 따라서 수영이 불리한 운동이다. 몸도 유선형이 아니다. 반대로 높은 근육 밀도는 조금만 운동해도 육상과 같은 분야에서 좋은 성과를 올리는 비결이다. 한마디로 흑인의 몸은 육상에 유리하고 백인의 몸은 수영에 유리하다. 사람은 모두 자신에게 유리한 것, 장점이 있다. 성공이라는 문은 자신에게 유리한 장점을 최대한 활용해 열정을 다할 때 조금씩 열리는 것이다.

때로는 어떤 이야기를 하나 들려주면서 글을 시작하는 것도 좋은 방법입니다. 또는 어떤 용어를 설명하면서 글을 시작하기도 하죠. 이처럼 글의 시작은 무척 다양합니다. 중요한 것은 도입부가 흥미와 재미를 담고 있어야 한다는 점! '어떻게 흥미롭게 글을 시작할까?'라는 고민도 필요합니다. 이런 고민이 반영된 글은 읽는 사람의 시선을 끌 수 있습니다. 그럼 우리가 참고할 만한 몇 편의 소설 시작 부분을 살펴봅시다. 박민규의 소설 《삼미슈퍼스타즈의 마지막 팬클럽》은 앞으로 펼쳐질 이야기 속으로 독자를 끌어당깁니다.

야구를 좋아하는 사람이라면, 누구나 1982년을 기억하고 있을 것입니다.

마크 트웨인의 《허클베리 핀의 모험》은 유머와 위트가 풍부한 마크 트웨인을 기억토록 만드는 도입부를 갖고 있습니다.

톰 소여의 모험이라는 제목의 책을 읽지 않았다면 아마 나에 대해서도 모르겠지만, 그건 상관없어. 그 책은 마크 트웨인 선생이 쓴 것인데, 거의 사실이야.

파울로 코엘료의 소설 《11분》의 시작은 이렇습니다.

옛날 옛적에 마리아라는 창녀가 있었다. 잠깐, '옛날 옛적에'는 아이들에게 옛날이야기를 해줄 때 흔히 사용하는 표현인 반면, '창녀'는 나이든 자들의 용어다. 어떻게 이러한 명백한 모순을 이제부터 들어갈 이야기의 출발점으로 삼을 수 있는가? 하지만 우린 삶의 매순간 한 발은 동화 속에, 또 한 발은 나락 속에 담근 채 살아가고 있으니 그냥 이렇게 시작하도록 하자.

독자의 시선을 끄는 소설의 시작들입니다. 전문 작가들도 가장 신경 쓰는 부분이 글의 도입부라는 걸 알 수 있습니다. 인상적이고 매력적인 시작이야말로 글의 초반 분위기뿐 아니라, 글 전체에도 많은 영향을 미칩니다.

15 _ 지식의 저주

       흔히 알려진 이야기 중 '중학교 3학년 수준으로 쓰라'는 말이 있습니다. 대학 교육을 받은 성인일지라도 중학교 3학년 수준으로 글을 쓰라는 조언입니다. 독자가 쉽게 이해하고 편하게 읽을 수 있으려면, 중학교 3학년 수준의 글이 적당합니다. 그런데 우리 주변에는 내용이 너무 어려워 무슨 말인지 쉽게 파악할 수 없는 글들이 많습니다. 저 역시 글이나 책을 쓸 때 전문 지식을 포장하고 싶은 유혹에 빠집니다. 남보다 조금 더 아는 내용을 과시하고 싶은 생각, 수준 높은 사람처럼 보이고 싶은 글쓰기의 유혹 말입니다. 하지만 그런 마음으로 글을 쓰면 상대방이 이해하지 못하는 글이 됩니다.

       한편, 우리가 글을 쓰다 보면 내가 아는 내용이니까 다른 사람도 당연히 알 것이라는 착각에 빠지기도 합니다. 어려운 단어,

쉽게 이해할 수 없는 문장으로 글을 쓰기도 합니다. 또 당연히 들어가야 할 설명이 빠지기도 하고, 도대체 무슨 의도를 가진 글인지 파악하기 힘든 글이 만들어지기도 합니다. 이와 관련하여 흥미로운 사례를 소개합니다.

심리학자들이 '지식의 저주'라고 부르는 말이 있습니다. 미국 스탠퍼드 대학의 엘리자베스 뉴턴(Elizabeth Newton)은 1990년 '두드리는 자와 듣는 자(Tapper and Listener)'라는 실험을 했습니다. 실험 내용은 이렇습니다. 한 사람이 '산토끼'처럼 누구나 아는 동요를 진짜 노래가 아닌 탁자를 두드리며 박자로만 표현합니다. 멜로디 대신 박자만 듣는 사람들이 과연 그 노래를 얼마나 맞출까요? 탁자를 두드리는 사람은 듣는 사람들 중 50% 이상 노래를 맞출 걸로 예상했습니다. 그러나 실제로 탁자 두드리는 소리만 듣게 된 사람들은 단지 2.5%만 곡을 맞추었다죠. 단순히 박자만 듣는 사람은 노래를 맞추기가 힘듭니다. 하지만 박자를 두드리는 사람은 스스로 멜로디를 떠올리며 리듬을 타기 때문에 상대방이 쉽게 노래를 맞출 것으로 착각합니다. 내가 아는 내용을 상대방도 알 거라고 생각하는 '지식의 저주'의 대표적인 사례입니다.

우리가 글을 쓸 때에도 이런 상황에 빠질 수 있습니다. 글을 쓰는 사람 입장에서는 익숙하고 잘 아는 내용일지라도 독자가 잘 모를 수도 있습니다. 리듬을 타면서 탁자를 두드릴 때엔 상대

퓰리처가 강조한 좋은 글의 조건

"짧게 써라. 그러면 읽힐 것이다. 명확하게 써라. 그러면 이해될 것이다. 그림 같이 써라. 그러면 기억될 것이다." - 조지프 퓰리처(Joseph Pulitzer)

미국에서 가장 권위 있는 보도, 문학, 음악상인 퓰리처상의 창시자 조지프 퓰리처의 명언이다. 우리가 글을 쓸 때 조지프 퓰리처의 조언을 되새길 필요가 있다. 그의 말처럼 글은 짧고 명료하게 써야 한다. 읽을거리가 너무 많은 오늘날, 사람들은 너무 많은 정보에 노출되어 있다. 내용이 명확하지 않은 긴 글을 읽어줄 한가한 사람은 없다. 심혈을 기울여 쓴 내 글이 살아남는 길은 절대적으로 짧게, 명쾌하게 쓰는 것뿐이다.

방도 노래를 잘 맞출 것으로 생각하지만 현실은 내 생각과 다릅니다. 글은 친절해야 합니다. 두루뭉술하게 쓰면서 '충분히 알아듣겠지'라고 생각하면 오산입니다. 도대체 무슨 이야기인지 알아들을 수 없는 대부분의 글이 '지식의 저주'에 빠진 작가의 의도에서 비롯된 것임을 기억해야겠습니다.

그렇다면 우리가 지식의 저주에서 벗어나는 방법은 무엇일까요? 최대한 단순하고 명확하게 쓰는 것입니다. 독자가 이해하기 쉽게 설명하고 표현해야 합니다. 독자가 다른 의미로 오해하지 않고 의미를 쉽게 확실히 떠올리도록 해야 합니다. 물론 간혹 글을 쓰면서 필요에 따라 의도적으로 이중적인 의미를 배치하거나, 두 가지 의미로 해석이 되는 글을 쓸 때도 있습니다. 그러나 일반적인 글은 두 가지 의미로 해석 가능한 문장을 피해야 합니다. 이는 좋은 글이 아닙니다. 또한 명확하지 않은 문장은 전달하려는 의미를 왜곡시킵니다. 우리가 글을 쓰다 보면 길게 늘어지며 의도와 다른 글이 전개되기도 합니다. 이런 문제는 글을 화려하게 꾸미고 싶은 욕심의 결과일 수 있습니다.

기억하세요. 문장은 쉽고 명확하게 써야 합니다. 긴 문장은 짧게 끊어서 쓰는 게 좋습니다. 또한 너무 수준 높은 글을 쓰려고 노력하지 마세요. 중학교 3학년 정도 수준이면 충분합니다.

"짧게 써라!"
"명확하게 써라!"
"그림같이 써라!"

16 _ 힘 빼기

글쓰기를 가로막는 또 다른 장벽이 있습니다. 너무 멋진 글을 쓰려는 욕심입니다. 멋진 글을 쓰려고 하면 잘 써지지도 않을뿐더러 부자연스러운 글로 남습니다. 힘을 빼야 합니다! 비유컨대 아마추어 골퍼가 '좋은 스코어를 내보겠다'는 욕심으로 힘껏 골프채를 휘둘렀을 때 최악의 스코어를 손에 쥐는 것과 비슷합니다. 프로 선수들은 이렇게 조언하죠. '힘을 뺀 스윙이 좋은 스코어를 보장합니다!' 골프뿐 아니라 대부분의 스포츠에서는 몸의 힘을 빼는 일부터 가르칩니다. 수영 선수가 몸에 힘을 주면 물속으로 가라앉을 뿐입니다.

글도 힘을 넣을 때가 있고 뺄 때가 있습니다. 글을 내용과 표현으로 나누었을 때, 내용을 만들 때에는 힘을 넣어야 합니다. 전체적으로 좋은 내용을 쓰기 위하여 사색하고 고민하고 신경도 써야 합니다. 그렇게 글 내용에 대한 고민이 대략 끝났다면, 쓰고자 하는 내용을 글로 구현할 때에는 힘을 빼야 좋습니다. 힘을 빼라는 건 고민하지 않고, 신경 쓰지 말라는 것이 아닙니다. 욕심을 부리지 말라는 뜻입니다. 글의 내용에는 욕심을 부려도 됩니다만, 표현 욕심은 버려야 합니다. 멋진 표현, 대단한 문장을 쓰겠다는 생각이 어색한 글, 자신이 전달하려 했던 내용과 전혀 다른 엉뚱한 글로 이끌어갑니다. 얼마 전, 길을 가다 이런 문구를 본 적이 있습니다.

> 모던하고 트렌디한 감각을 메인 테마로 하여 내추럴하면서도 모던한 감각을 추구하는 제품들을 전개하는 ○○○은 친환경 천연 오가닉 코튼 소재를 베이스로하여 웰빙 라이프 스타일을 창조하는 브랜드로 자연에 가까운 편안하고 건강한 쉼의 공간으로 기억되는 ○○○ 브랜드입니다.

수식에 수식을 더하고 또 더한 결과입니다. 무슨 말을 하려는 건지, 어떤 장점을 알리려는 건지 알 수 없습니다. 과한 표현으로 욕심 부린 결과인 듯합니다. 게다가 하나의 문장으로 되어 있습니다. 읽다 보면 숨이 차오릅니다. 어느 부문을 강조하고 싶은지 헷갈릴뿐더러 무분별한 외래어 사용도 어색합니다. 조심스럽지만, 홍보에 도움이 안 되는 역효과가 날 것만 같습니다. 위 문장에 사용한 표현을 모두 살려서 굳이 수정한다면, 아래처럼 쓸 수는 있을 것 같습니다.

○○○의 제품은 모던하고 트렌디한 감각을 바탕으로 자연스러우면서 새로운 감각을 추구합니다. 또한 ○○○ 브랜드는 모든 제품에 친환경 천연 오가닉 코튼 소재를 적용함으로써 웰빙 라이프를 전개하고 있습니다. ○○○은 자연 친화적이고 편한 공간, 건강한 쉼터를 제공하고자 노력합니다.

어떤가요? 짧고 명확하게 글을 쓰면 읽는 사람이 쉽게 이해할 수 있고 마음도 편해집니다.

17 _ 글쓰기보다 글짓기

저는 '글쓰기'라는 말보다 '글짓기'라는 표현이 좀 더 적당한 것 같다고 이미 밝힌 바 있습니다. 글은 쭉쭉 쓰는 대신에 천천히 짓고 만드는 일입니다. 글과 관련해서는 천재가 없습니다. '천재는 백지에 펜을 들고 글을 쭉쭉 쓴다'는 생각을 지워냅시다. 그런 사람은 없습니다. 만약 어떤 글이 위대하다는 찬사를 받았더라도 그런 글을 쓴 사람은 분명 자신이 과거에 오랫동안 생각했던 것, 예전에 누군가 쓴 글과 유사한 것, 꽤 오랫동안 수정해온 것이 좋은 결과로 이어졌을 게 분명합니다.

생각지도 못한 아이디어나 글감이 어느 날 하늘에서 운 좋게 떨어질 리 없습니다. 만약 자신에게 뛰어난 글쓰기 능력이 있다고 떠벌리는 사람이 있다면 거짓말쟁이입니다. 노벨 문학상, 세계적인 베스트셀러 작가도 글을 단박에 써내려가지는 못합니다.

시간을 지배하는 글

모든 글은 말을 옮겨 기록한 것이다. '당신을 죽도록 사랑합니다.'를 입을 열어 표현하면 말이 되고 글로 적으면 문장이다. 그런데 말과 글은 비슷한 듯해도 엄청난 차이가 있다. 누구나 자라면서 자연스럽게 말을 할 수는 있지만, 그렇다고 모든 사람이 자연스럽게 글을 쓸 수 있는 건 아니다. 말과 글의 가장 큰 차이는 시간을 지배하느냐의 여부다. 말은 한번 내뱉고 나면 과거로 사라진다. 하지만 똑같은 내용일지라도 글로 남기면 오랫동안 남는다. 일기장에 하루를 지내며 느낀 감상을 적는 게 아니라면, 대부분의 글은 읽는 대상이 있다. 내가 쓴 글이 아주 오랜 시간 글로 남아 누군가 볼 수 있다는 것에 주목하면, 글을 아무렇게나 쓰면 안 된다는 경각심이 들게 마련이다. 따라서 나름의 체제를 잘 갖추어야 한다. 그래서 작가들은 글을 쓰기 전, 치밀하게 계획하고 선택하며 이를 구조화한다.

요즘은 유튜브 영상이 대세다. 내가 원하는 양질(?)의 정보를 얼마든지 구해 시간이 날 때마다 들여다볼 수 있다. 보고 싶은 장면을 시간이나 장소의 구애 없이 돌려보거나, 느리게 또는 빠르게 설정해서 영상을 볼 수도 있다. 남녀노소 모두가 TV보다 유튜브 시청에 많은 시간을 보낸다. TV나 책에서 볼 수 없는 자극적이고 엉뚱한 이야기들로 가득한 세계가 유튜브다. 지금 이 시간에도 수많은 유튜버가 채널 구독자 수를 늘리기 위해 각종 가공, 편집 기술을 사용하고 시간과 공을 들인다. 그런 수고의 마지막 결론이 돈이라는 것을 알게 된 사람들은 씁쓸함을 감출 수 없다. 상황이 이렇다 보니 혹자는 조심스럽게 문자의 종말이 왔다고 전망한다. '누가 요즘 글을 읽나요?, 아직도 책 보는 사람이 있어요?'라는 말도 심심찮게 들려온다. 길고 짧은 것은 재봐야 알 수 있다고 했다. 나는 텍스트의 종말을 쉽게 단정할 수 없다고 생각한다. 가령, 인문학이나 역사와 관련하여 권위 있는 분들이 등장해 알아듣기 쉽게 강의하는 동영상을 보며 배울을 이힐 수도 있다. 그러나 진정한 배움은 '엉덩이의 힘', 즉, 책상머리에 앉아 오랜 시간 고통스럽게 글을 읽으며 깨달을 때 머리에 남고 새겨진다. 쉽게 얻은 지식은 쉽게 잊힌다. 결국 인간이 하는 모든 일들은 기록으로 남는다. 현재 대세라고 생각하는 영상은 말잔치에 불과하다. 인간 고유의 활동인 기록을 영상이 대신할 수는 없다. 기록, 문장, 글이 시간을 지배하기 때문이다.

그 대신 하나하나 벽돌을 쌓아 올리듯 글을 지어갑니다. 현실적인 글쓰기는 집을 짓는 과정을 떠올리거나, 공예품을 만드는 것을 상상하면 쉽습니다. 글은 시간과 공을 들여 그렇게 하나씩 짓고 만드는 것입니다.

저는 글쓰기를 집짓기에 비유했습니다만, 글쓰기는 일반적인 집짓기가 아닌 '정글에서 집짓기'가 더 어울리는 비유일 겁니다. 정글에서 오늘 저녁 잠 잘 집을 3시간 만에 지어야 한다면 집의 구조를 어떻게 설계할까요? 아마 주변에서 구할 수 있는 나무나 돌 등 집짓는 데 필요한 재료를 훑어보고 재료에 맞는 설계를 할 것입니다. 실생활에서의 글쓰기도 이와 비슷합니다. 현재 내가 갖고 있는 글의 소재가 무엇이고, 들려줄 이야기가 어떤 것인지 파악한 후 글을 써야 올바른 접근입니다.

한편, 우리가 어떤 글을 쓸 때 내용도 모르면서 쓸 수는 없습니다. 글을 쓰기 위해서는 많은 독서와 공부가 필요합니다.

18 _ 읽기, 쓰기, 생각하기

　　　　　　　글은 많이 읽고 자주 쓸수록 성장, 진화합니다. 글을 잘 쓰려면 많이 읽고 많이 써봐야 합니다. 읽지 않으면 알 수 없고, 쓰지 않으면 늘지 않습니다. 그리고 좋은 글이라 해서 분량이 길어야 하는 것도 아닙니다. 좋은 글은 분량과 상관없습니다. 가령, 수필이나 에세이에 어울리는 글의 양이 있습니다. 일상의 일들을 반복적으로 길게 나열한 수필은 쓸데없는 글이 되기 쉽습니다.

　글은 산만함을 피하고 정제되어야 합니다. 산만함을 줄이고 정제된 글을 쓰려면 역시 많이 읽고, 많이 써봐야 합니다. 거기에 답이 있습니다. 중국 송나라 시인 구양수가 강조했다는 글쓰기 이야기는 금과옥조처럼 전해지며 지금도 많은 사람들이 인용합니다. 그는 '삼다(三多)'를 강조했습니다. 잘 알려진 것처럼 구양

수는 많이 읽고(多讀), 많이 쓰고(多作), 많이 생각(多常量)하는 것이 글쓰기에 도움이 된다고 강조했답니다.

　　제 주변의 글쓰기 전문가들도 글을 잘 쓰기 위해 우리가 많이 해봐야 할 세 가지 중 '다독'을 첫 번째로 꼽습니다. 독서 경험이 성숙한 글쓰기에 도움이 된다고 한결같이 말합니다. 다독을 통해 우리가 얻을 수 있는 건 이렇습니다. 진부하고 익숙한 표현이 어떤 것인지, 작가 고유의 문체와 개성이 무엇인지, 내 글에 어떤 것을 적용하고 싶은지 등입니다. 또한 다독은 서로 다른 글들 간의 장단점 비교가 가능한 안목을 키워줍니다.

　　다작의 경우, 만약 어떤 글을 써야 할지, 어떻게 시작해야 좋을지 막막하다면 필사가 도움이 된다고 앞서 소개했습니다. 흔히 글쓰기 교실이나 강좌 같은 곳에서 처음 글을 접하는 사람들에게 권장하는 글쓰기 방법 중 하나로 제시됩니다. 평소 자신이 좋아하는 작가나 관심이 가는 분야의 적당한 책을 하나 고른 후, 처음부터 베껴 써내려가면 됩니다. 간혹 필사가 독서보다 더 좋은 효과를 주기도 하는데, 차분하게 필사를 하다 보면 작가 특유의 문장과 글의 구조, 그리고 표현을 곱씹어볼 수 있습니다. 필사는 눈으로 읽는 독서에서 느낄 수 없었던, 글의 생생함과 글 쓴이의 감정을 더욱 잘 느끼도록 해줍니다. 글의 섬세함에 놀라거나, 쉽게 생각할 수 없는 표현을 접하거나 등입니다.

　　다상량은 제가 처음부터 강조해온 것과 일맥상통합니다. 결국 글은 우리의 생각을 쓰는 일입니다. 자유롭게 생각을 펼치며 다양한 생각을 해보자는 것이죠. 때로는 엉뚱한, 때로는 깊이 있게 생각의 폭을 넓혀보는 일이 다상량입니다. 생각이 많아야 쓸 내용이 많아집니다. 그리고 무엇보다 잘 정리된 생각이 있어야 좋은 글을 쓸 수 있습니다.

오랜 시간이 흘렀음에도 위 세 가지 이야기가 우리에게 전해져 지금도 통하는 이유를 되새겨볼 필요가 있습니다. '삼다'의 실천은 성숙하고 진화하는 글쓰기에 도움이 됩니다. 많이 읽고, 쓰고, 생각하기를 멈추지 맙시다.

19 _ 글쓰기 진화론

저는 아이디어 만들기와 글쓰기라는 두 가지 일을 함께 해왔습니다. 두 가지의 공통점이 여럿 있는데 그중 하나가 더 좋은 것으로 변화, 진화하는 일이라는 점을 서문에서도 밝혔습니다. 이를 뒷받침하는 이야기가 있습니다. 창의력을 연구하는 사람들의 보고서를 보면, 일 처리를 뒤로 미루는 행위가 독창적인 생각을 만드는 데 도움이 된다고 합니다. 빠르게 바로바로 일을 처리하기보다 일을 미루고 나중에 하는 습관이 창의적인 결과물을 만든다는 이야기죠.

일을 미루면 그 일을 잊고 있는 듯해도 무의식 중 어느새 내가 그 일을 생각하고 고민한다고 합니다. 일을 미루고 나중에 다시 보면 새로운 시각으로 일을 보도록 해주고, 다른 시선으로 주제를 관찰하도록 해줍니다. 잠시 시간의 간격을 두면 다른 시각이 생깁니다.

이를 글쓰기에도 적용할 수 있습니다. 잘 쓴 글일지라도 서둘러 공개하지 말고 잘 보관해보세요. 컴퓨터 폴더에 담아놓고 며칠 후 다시 읽어보는 겁니다. 제 경험에 따르면, 단지 시간을 두고 글을 다시 봤을 뿐인데도 왠지 이곳저곳 수정하고 싶은 곳이 눈에 띄고 표현을 바꾸거나 글의 틀을 바꾸거나 새로운 스토리를 추가하는 등 고치고 싶은 욕심이 생깁니다. 이렇게 수정하며 고쳐 쓰기를 통해 한결 나은 글이 완성됩니다.

이 책도 수없이 지우고 수정하기를 반복하며 한 줄씩 채운 결과입니다. 저는 이런 과정을 글의 숙성이라고 표현합니다. 생각의 숙성은 글의 숙성을 만들어줍니다. 세계적으로 유명한 음식들은 단번에 만들어내는 인스턴트가 아닙니다. 대부분 숙성 시간을 갖습니다. 우리나라 대표 밑반찬인 김치, 각종 절임, 젓갈 등도 숙성 시간이 맛을 좌우하는 메커니즘을 가졌습니다. 숙성이 최상의 맛을 제공하듯, 숙성된 생각과 글감이 좋은 글을 만드는 데 필수입니다. 생각을 숙성시키고 글을 숙성시키는 시간의 투자가 필요한 이유입니다.

저는 고정적으로 원고를 써서 보내는 곳이 있습니다. 한 달에 1회 약속한 날짜에 원고를 보내야 합니다. 그런데 언제부턴가 보내야 하는 날짜보다 1주일 정도 앞당긴 날짜를 달력에 표시합니다. 원고 마감일을 스스로 앞당긴 것입니다. 그렇게 내가 정한 날짜에 원고를 완성하고 나면 원고를 담당자에게 보내는 대신 노트북에 저장해둡니다. 원고가 꽤 마음에 들더라도 일단 저장부터 합니다. 그리고 며칠 후 파일을 열어 다시 원고를 들여다봅니다. 검토 과정에서 더욱 새로운 생각이 떠올라 글에 옮기기도 하고, 쓸데없는 표현이나 과한 이야기다 싶으면 날리기도 합니다. 그렇게 업그레이드된 원고를 당초 약속한 원고 마감일에 보냅니다.

우리는 빨리빨리 일을 처리하는 방식에 익숙합니다. 빠른 일 처리가 유능함의 조건이라는 이야기에 길들여진 탓일 겁니다. 조직에서는 근면하고 성실한 모습이 효율적·효과적으로 일하는 것임을 강조합니다. 정말 그럴까요?

조금 달리 생각해봅시다. 글은 공장에서 대량으로 생산하듯 만드는 기성품이 아닙니다. 독창성을 만들어서 글로 가공하는 예술의 영역과 가깝습니다. 글을 쓰는 사람이 마감일을 못 지켜 밤새 고민하고 닦달받는 드라마 장면을 본 기억이 있을 것입니다. 글을 쓰는 사람이라면 드라마 속의 상황을 충분히 이해합니다. 글은 공장에서 기성품을 만들 듯이 쓰는 게 아니기 때문입니다. 창의적인 글쓰기는 예술가의 마음을 조금 갖는 것이라고 생각합시다. 열심히 많이 하는 것보다 독창적이면서 완성도가 높은 글을 쓰는 것을 목표로 삼아야 합니다.

글은 정해진 시간에 맞추어 척척 만들어지는 상품이 아닌, 창의적 영역의 일입니다. 멋진 작품을 남기고픈 예술가의 마음을 이해한다면 시간을 갖고 숙성시키는 과정의 중요성을 충분히 공감할 것이라고 생각합니다.

고쳐 쓰기와 독자 고려

내가 쓴 글을 다시 읽으며 고쳐 쓰는 것도 좋은 글쓰기 전략이다. 천재 작가들은 공통적으로 '쓰고 고치고, 또 고쳐 쓰는 것이 진짜 글쓰기'라고 강조한다. 그런데 글을 고쳐 쓸 때 중요한 게 있다. 독자 입장에서 내 글을 읽어보는 것이다. 작가의 입장에서 벗어나 독자의 시선으로 글을 읽어보자. 상대방 입장에서 글을 보면 안 보이던 문제가 보인다. 독자 입장을 고려해 표현을 바꾸어야 하고, 주관적 경험이 아닌 객관적인 경험의 사례로 수정도 해야 한다. 공감을 얻어야 하기 때문입니다. 한 가지 이슈도 서로가 처한 상황에 따라 판단이 달라질 수 있다. 그런데 우리는 자신의 입장에서 검증되지 않은 내 생각을 글로 강요할 때가 많다.

비즈니스에서는 고객 관점과 입장을 중요하게 강조한다. 세상은 공급자 중심이 아닌 소비자 중심의 사고를 강조한다. 교육 현장에서는 '선생님이 어떤 말을 했는가'보다 '학생들이 무엇을 들었는가'가 더 중요하다. 교육에서 소비자는 학생이다. 글도 이런 논리에서 자유로울 수 없다. 내가 아무리 멋진 글을 썼더라도 읽는 사람이 좋아하고 공감해야 의미가 있다. 완벽히 마음에 들 때까지 고쳐 쓰기를 하되, 독자가 어떻게 느끼고 반응할지 고민하며 쓰는 글이어야 한다. '내 글을 누가 읽을까? 어떤 느낌을 가질까? 내 주장에 충분히 공감할까?'를 염두에 두어야 한다.

20 _ 소리 내어 읽기

소리 내어 읽기는 리듬감 부여, 글의 운율 만들기에 도움이 됩니다. 또한 소리 내어 읽기는 글을 고쳐 쓰고 더 좋은 글로 만드는 방법이기도 합니다. 큰소리가 아니어도 됩니다. 나만 들을 수 있을 정도면 충분합니다.

제가 처음 칼럼을 쓸 당시, 같은 사이트에 칼럼을 기고하던 유명 카피라이터 선생님을 뵌 적 있습니다. 당시 저는 글쓰기가 어렵고 생소한 일이었지만, 선생님은 오랫동안 글을 써오신 우리가 많이 들어본 여러 기업의 홍보 카피를 직접 만든 유명한 분이었습니다. 그런 분에게 글쓰기 조언을 들을 수 있다는 것이 행운이자 기회였죠. 선생님은 저의 글을 보며 이런 말을 해주셨습니다.

"내용은 참 좋은데, 음악이 없어. 글에도 리듬이 있어야 해요."

글은 말을 옮긴 것이기에, 글 읽는 사람은 말을 하듯 리듬을 갖습니다. 선생님이 지적해준 부분이 리듬감이었죠. 우리의 글에는 리듬이 있어야 합니다. 선생님은 음악을 잘 모르는 사람도 자기 글에 리듬을 넣을 수 있다고 말씀하셨습니다. 처음부터 글에 리듬을 넣을 수는 없으니, 익숙해지기까지 일단 글을 편하게 쓰고, 그 글을 소리 내어 읽어보면 대략 감이 온다고 조언하셨습니다.

소리 내어 글을 읽으면서 리듬을 생각하게 되고, 읽는 사람 입장에서 즐겁게 읽을 수 있는 글로 수정할 수 있다고 합니다. 글 쓸 줄 모르는 저에게 선생님의 조언은 신선함으로 다가왔습니다. 선생님은 평생 글을 쓰며 얻은 글쓰기 노하우 몇 가지를 제게 알려주신 것입니다. 이후로 저는 글을 쓰고 난 후 꼭 소리 내어 읽어보곤 합니다. 물론 음악에 소질이 없는 편이지만, 작은 소리로 글을 읽으며 리듬을 생각해봅니다.

내가 쓴 글을 다시 확인하고 숙성시키며 항상 업그레이드 시켜야 하는데, 그중 하나가 소리 내어 읽는 일입니다. 소리 내어 읽은 후 내용을 수정하고 표현을 고치는 일도 글을 업그레이드 하는 방법입니다. 내용의 경우 약간의 시간 차이를 두고 다시 들여다보면 새로운 시각을 얻습니다. 표현의 경우 진부하지 않은 새로운 표현을 사용하는 것도 좋은 시도입니다. 내 글을 소리 내어 읽으며 글에 리듬을 넣는다면 더욱 좋은 글로 진화합니다. 피아노 건반을 아무거나 누른다고 좋은 음악이 만들어질 리 없습니다. 우리 귀에 듣기 좋은 화음이 있게 마련입니다. 글도 그렇습니다. 내용, 표현, 리듬의 조화가 이루어져야 이해하기 쉽고 전달도 잘 되는 글의 화음이 만들어집니다.

21 _ 그 밖의 글쓰기 조언

오랫동안 글을 써오신 몇몇 분에게 좋은 글과 나쁜 글의 차이에 대해 질문한 적이 있습니다. 몇 분의 이야기를 정리한 결과 기억해야 할 내용이 다음과 같이 추려졌습니다. 독자 여러분도 참고하면 좋을 듯합니다. 여러분의 글쓰기에 아래 내용을 활용하면 도움이 될 것 같아 소개합니다.

① 화려하고 많이 아는 것처럼 쓰지 않는다. 쉽고 단순하게 그리고 친절하게 쓰자.

② 결론부터 제시하고 왜 그런 결론이 나왔는지 설명을 붙이자.

③ 짧고 단순하게 쓰자. 군더더기를 붙이지 말자.

④ 사람들은 스토리텔링을 좋아한다. 이야기로 만들고 적절한 비유도 활용하자.

⑤ 문어체보다는 구어체로 말하듯이 쓰자.

⑥ 일반적인 이야기는 뻔한 이야기다. 나만의 생각이 담긴 이야기를 하자.

⑦ 사용하지 않아도 의미가 충분히 전달된다면, 그러나, 그런데 등의 접속사는 가급적 쓰지 말자.

⑧ 한 문장에는 하나의 사실만 적자. 두 가지 사실을 이야기하려면 두 문장으로 쓰자.

⑨ 여러 가지로 해석될 수 있는 모호한 표현, 중의적인 문장을 피하자.

⑩ 통계와 같은 숫자를 활용해 글의 신뢰도를 높이자.

⑪ 시작과 끝을 한 번 더 살피고 신경 쓰자.

⑫ 쓰고 나서 자신이 쓴 글을 소리 내어 읽어보자.

저의 변함없는 글쓰기 목표는 '쉽게', '흥미롭게' 쓰는 것입니다. 어려운 내용을 쉽게 설명하고, 단순한 내용을 흥미롭게 쓰고 싶습니다. 저처럼 '쉽게, 흥미롭게' 쓰는 것을 목표로 삼고 이를 실천해도 괜찮은 글을 쓸 수 있다고 생각합니다.

잘 써야 한다는 생각에 사로잡혀, 큰 욕심을 부리면 글이 망가지고 어려워집니다. 저처럼 글쓰기에서 단순한 목표 한두 가지를 결정한 후, 이를 실천하면 꽤 괜찮은 글을 쓸 수 있습니다. 저는 여러분의 글쓰기를 응원합니다.

글을 쓸 땐 죽치고 앉아서 쓰는 수밖에 없다.
나는《무기여 잘 있거라》를 마지막 페이지까지 총 39번 새로 썼다.

- 어니스트 헤밍웨이(Ernest Hemingway) -

―――――

글로 당신의 내면을 표현하고 싶다면,
쉬운 단어들로 단순하게 시작하려고 노력하라.

- 나탈리 골드버그(Natalie Goldberg), 소설가 대표작:《뼛속까지 내려가서 써라》-

: 3장 :

작가를
꿈꾸는
분들에게

지금까지 우리 실생활에서 글을 좀 더 잘 쓰기 위한 방법들 몇 가지 소개했습니다.
우리 속담 중 '구슬이 서 말이라도 꿰어야 보배'라는 말이 있죠.
어느 정도 글쓰기에 자신이 붙었다면,
이제 작가가 되려는 도전을 해보는 것도 좋습니다.
3장에서는 작가를 꿈꾸는 여러분과 함께 공유하고 싶은 이야기를 소개합니다.

01 _ 나의 책을 써야 하는 이유

책을 쓰면 성장한다

책을 쓰면 자신이 한 단계 성장합니다. 외적 발전뿐 아니라 내면의 성숙까지 기대할 수 있습니다. 나의 삶을 소중하고 가치 있게 만드는 여러 가지 일들이 있죠. 그중 하나가 책 쓰기입니다. 책을 한 권 쓰면 인생의 이정표가 세워집니다. 그리고 우리가 알아야 할 사실이 있습니다. 책은 대단한 사람만 쓰는 것이 아니라는 점입니다. 오히려 책을 쓰면서 부족했던 자신이 대단한 사람으로 변해가는 것입니다. 책을 쓰면서 성장하기 때문입니다.

어렸을 때부터 빠짐없이 일기를 쓰는 사람들도 있습니다. 일기는 하루하루의 삶을 돌아보며 자신을 점검하고 삶을 진지하게 살아가는 데 도움을 줍니다. 일기는 자신과의 소통입니다. 일기가 책을 쓰는 데 좋은 연습이 될 수 있습니다. 나이가 어릴지라도 일기를 쓰며 진지한 인생을 살아가는 사람에게는 존경심과 응원을 보내고 싶습니다. 일기로 자신과 소통하듯 누군가 읽어줄 글을 쓰며 세상과 소통하는 것이 책 쓰기입니다. 요즘에는 다양한 분야의 책들이 출간됩니다. 자신이 잘하는 일, 취미, 관심사 등을 용기 있게 책으로 공개하는 작가들도 많습니다. 학술적·인문학적으로 대중들에게 교훈이나 가르침을 전해야 한다는 목적은 옛날 생각입니다. 나의 일상이나 관심사를 공개하면 그 일을 더욱 신경 쓰고 세심하게 관리해야 합니다.

예컨대 내가 여행한 곳의 이야기를 글로 쓴다고 해봅시다. 글을 쓰면서 여행한 곳에 대한 여러 가지 기억이 더 깊이 각인되고 오랫동안 잊히지 않을 에피소드가 만들어집니다. 만약 내가 여행한 곳에 대한 글을 쓰기로 마음을 먹었다면, 실제 여행에서 글로 남길 것을 생각하며 더 많은 정보를 얻고자 할 것입니다. 따라서 더 많은 체험을 할 것이고, 수동적인 여행에서 벗어나 능동적으로 참여하는 생생한 여행이 될 것입니다. 그래야 쓸 내용이 많아질 테니까요. 이렇듯 우리가 글을 써야 한다는 목적이 생기면 하루하루의 삶이 풍요해질 수밖에 없습니다. 그래서 책 쓰기는 성장입니다.

책을 쓰며 배운다

사람들의 오해 중 하나가 책은 특별하고 대단한 사람만 쓰는 것이라는 생각입니다. 그렇지 않습니다. 책은 누구나 쓸 수 있습니다. 물론 전문 분야의 책이라면 해당 분야를 잘 아는 전문가가 책을 써야 합니다. 일부 맞는 말입니다. 그런데 이 생각을 바꾸어 봅시다. 책을 쓰면서 그 분야의 전문가가 될 수는 없을까요? 충분히 가능한 일입니다. 세계적인 경영학자 피터 드러커는 3년마다 새롭게 관심이 생긴 분야를 연구했다고 하더군요. 라틴아메리카 문화에 관심이 생기면 3년 동안 남미의 역사, 문화, 남미 인들의 삶을 다룬 책이나 다큐멘터리를 보며 공부하는 식입니다. 처음부터 무언가를 잘 아는 전문가는 없습니다. 내가 어떤 분야에 관심이 생겼다면 해당 분야의 서적을 오랜 시간 탐독하며 조금씩 전문가로 변해가는 것입니다. 평소 관심이 많은 분야의 이야기를 조금씩 공부하면서 정리하는 것도 책을 쓰는 한 가지 방법이 됩니다. 그러니까 책을 쓰면서 전문성을 갖추어가는 것입니다.

이렇듯 책 쓰기는 나의 관심사를 구체적으로 배우는 기회가 될 수 있습니다. 책으로 담는 데 필요한 지식과 전문성이 현재 20% 수준이라면, 나머지 부족한 80%를 공부하며 채워가는 것입니다. 책에 들어가야 할 다양한 정보와 전문성을 접하고, 그 이야기를 나의 시각으로 해석하는 데 필요한 시간을 가져야 합니다. 이런 모습이 진짜 공부입니다. 그리고 전문성을 갖추는 과정입니다. 책은 대단한 사람들만 쓰는 거라는 편견에서 벗어나세요. 여러분이 직접 책을 쓰며 전문가로 변할 수 있습니다.

책쓰기는 행복한 여행이다

책 쓰는 일은 고되고 힘듦을 동반합니다. 시간도 많이 드는 일입니다. 유명 베스트셀러 작가가 아니라면, 책이 출간되더라도 책을 통해 얻는 수익은 생각보다 적습니다. 어쩌면 책 쓰기가 노력과 시간 대비 인건비도 못 건지는 작업일 수 있습니다. 그럼에도 불구하고 많은 사람들이 책을 쓰고 싶어 합니다. 왜 그럴까요? 책 쓰기는 가치가 충만한 일이기 때문입니다.

스티브 잡스는 평소 직원들에게 '우주에 흔적을 남기자'는 말을 많이 했답니다. 잠시 왔다가 사라지는 허무한 존재가 아닌 내 존재감을 세상에 남기자는 것이 스티브 잡스의 삶 철학이었습니다. 1983년, 28살의 스티브 잡스는 펩시콜라 사장 존 스컬리 영입에 공을 들였습니다. 그러나 대기업 사장 존 스컬리는 신생기업 애플의 제안에 큰 관심을 보이지 않았습니다. 그러자 스티브 잡스는 존 스컬리에게 이런 말을 들려줍니다.

"남은 인생을 평생 설탕물이나 팔면서 살 겁니까? 아니면 나와 함께 세상을 바꿔보시겠습니까?"

세상을 바꿔보자는 어린 창업자의 말에 펩시콜라 사장의 마음이 움직였습니다. 결국 존 스컬리는 신생기업 애플에 합류해 마케팅 분야에서 많은 기여를 했다고 전합니다. 의미와 가치가 풍부한 일을 하는 것은 비록 그 일이 고달프고 힘들며 수익이 없더라도 기꺼이 감내하고 즐겁게 받아들도록 만듭니다. 제 생각에는 책 쓰는 일이 그런 일과 같습니다.

행복을 연구하는 사람들에 따르면, 우리가 행복하려면 두 가지가 필요하다고 합니다. 첫째는 몸과 마음이 편하고 안락한 상태를 유지하는 것. 둘째 가치 있고 의미 있는 일을 하는 것입니다. 동물들은 배불리 먹고 자고 싶을 때 자고 외부 위협이 없으면 행복합니다. 행복에 필요한 첫 번째 요소인 몸과 마음의 안락을 얻은 것으로 만족합니다. 그러나 인간의 행복은 하나 더 충족되어야 합니다. 두 번째 행복 요소인 가치와 의미 있는 일을 말하는 것입니다. 그래서 우리는 어렵고 힘든 일인 줄 잘 알지만, 그것이 가치 있는 일이라면 기꺼이 그 일을 감수합니다. 인간이기 때문에 그렇습니다.

책 쓰기는 가치 충만하고 의미 있는 일입니다. 밤늦도록 원고를 쓰고, 주말에 시간을 쪼개어 책 쓰기에 몰두하면서도 즐거움과 행복을 느낍니다. 일반적으로 가장 큰 행복감을 주는 행위가 여행이라고 하죠. 이와 견주어 책 쓰는 일도 행복한 여행입니다. 원고를 쓰기 위해 오랜 시간 자료를 힘들게 읽고, 때로는 글이 잘 써지지 않더라도, 책 쓰는 데 드는 노력과 시간이 행복한 여행이 됩니다. 못 믿겠다고요? 아닙니다. 지금 당장 글을 써보세요.

02 _ 책을 쓰는 두 가지 방법

연역법과 귀납법, 차례 만들기

책을 쓰는 방법은 크게 두 가지로 나눌 수 있습니다. 하나는 큰 덩어리의 생각을 작은 것으로 나누는 일, 다른 하나는 작은 내용들을 모아 붙여서 큰 덩어리로 만드는 일입니다. 그리고 모든 책에는 차례가 있습니다. 만약 차례가 9개 장으로 되어 있고, 각 장마다 3개 이야기로 구성된 책을 만든다고 해봅시다. 이 책의 차례를 만드는 방법은 두 가지입니다.

하나는 책의 내용을 생각하며 먼저 9개 장으로 내용을 분류합니다. 그리고 분류한 9개 각 장마다 하위 3개 파트 이야기로 내용을 채웁니다. A4 용지 10포인트 기준, 일반적인 책의 분량은 120페이지 정도라고 합니다. 9×3×4＝108인 계산을 생각하면, 9개 장과 각 장마다 3가지 이야기 구조인 책의 경우, 하나의 이야기 분량은 4~5페이지 정도가 적당하다는 계산이 나옵니다. 그렇게 27가지 이야기를 쓰면 한 권의 책이 됩니다. 만약, 6개 장으로 구분하고 각 장마다 10가지 이야기를 쓴다면, $6 \times 10 \times 2 = 120$ 이라는 계산이 나옵니다. 가장 하위의 작은 이야기 분량은 A4 2페이지 정도입니다. 이렇게 차례부터 만든 후에 가장 하위의 작은 이야기를 고려하여 원고를 쓰는 방법이 큰 덩어리의 생각을 작은 것으로 나누는 것입니다.

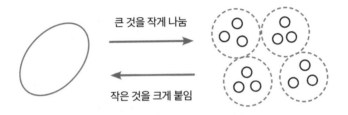

반대로 작은 것을 붙여서 큰 덩어리로 만들 수도 있습니다. 어떤 이슈와 관련한 글을 일단 여러 개 써봅니다. 그리고 여러 개의 글들 중 비슷한 것끼리 묶어 하나의 덩어리를 이루는 이야기를 만들어가는 것입니다.

전자는 생각이 위에서 아래로 흐르듯 큰 이야기에서 작은 이야기로 흘러가는 톱다운(Top down) 방식입니다. 후자는 비슷한 작은 이야기들을 묶어 하나의 큰 이야기를 만들어가는, 그러니까 아래에서 위로 올라가는 보텀업(Bottom up) 방식입니다. 톱다운 방식으로 책을 쓸 때 나무를 그리듯 생각하면 쉽습니다. 나무가 가지를 뻗어가듯 생각의 가지를 치며 차례를 만드는 것입니다. 저의 책 중《틀을 깨라》는 녀석이 있습니다. '창의력은 고정관념에서 벗어나는 일로부터 시작된다'는 콘셉트였죠. 저는 우리가 벗어나야 할 고정관념 9개를 생각했고, 우리가 9개의 틀에서 벗어나야 한다고 주장했습니다. 그리고 9개 틀에서 벗어나는 구체적인 3개 이야기를 각 장에 담았습니다. '틀을 깨라'는 큰 덩어리의 생각을 9개 작은 덩어리로 나누고, 각각에 대해 3개 이야기를 제시해 썼습니다.

틀을 깨라　　1. 규칙의 틀을 깨라

　　　　　　　2. 정답의 틀을 깨라

　　　　　　　3. 확실함의 틀을 깨라

　　　　　　　4. 논리의 틀을 깨라

　　　　　　　5. 진지함의 틀을 깨라

　　　　　　　6. 감정의 틀을 깨라

　　　　　　　7. 영역의 틀을 깨라

　　　　　　　8. 경쟁의 틀을 깨라

　　　　　　　9. 어제의 틀을 깨라

　큰 덩어리의 생각을 작은 것으로 나눌 때에는 차례 구성이 중요합니다. 글의 분야가 달라도 다른 책의 차례를 참고할 수도 있겠죠. 다른 책의 차례를 참고하여 더 좋은 아이디어를 얻기도 합니다. 일단 차례라는 틀 만들기가 중요합니다. 일단 틀이 잡히면 내용 채우기는 생각보다 어려운 작업이 아닙니다.

보텀업 방식의 책 쓰기는 원고를 많이 써서 글을 확보하는 일이 중요합니다. A4 두세 장 분량의 원고를 여러 개 써보는 것입니다. 그렇게 원고를 쓰면 원고들 중 일정하게 묶이는 것들이 있습니다. 사람의 생각은 일정한 흐름을 갖고 일정한 영역에서 만들어집니다. 정신분열증 환자가 아니라면 생각이 오락가락하지 않을 테니까요. 여러분의 원고는 일정한 흐름을 갖고 만들어지기 때문에 그것들을 묶으며 하나의 생각 덩어리를 만드는 것입니다. 톱다운 방식과 반대로 진행하는 것입니다. 저는 2002년 한 해 동안 매주 한 편의 칼럼을 썼는데, 다 모으니 50편 정도가 되었습니다. 50개 칼럼을 몇 개씩 묶어 장을 만들고 차례를 구성했습니다. 칼럼을 묶어 만든 차례를 검토하면서 논리적인 보강이 필요한 원고가 있는가 하면, 유행에 뒤지거나 중복된 칼럼도 있었기에 이런 이야기는 과감히 삭제했습니다. 그렇게 부족한 글을 새롭게 쓰고 채우는 방식으로 차례를 완성해 《생각이 나를 바꾼다》라는 책을 썼습니다. 처음 책을 쓰는 분들에게 이 방법을 추천합니다.

그리고 일단 짧은 글을 많이 써보는 것도 중요합니다. 처음엔 글의 길이를 신경 쓰지 않고 씁니다. A4 1장도 좋고, 5장도 괜찮습니다. 특정 주제에 관한 이야기를 일정기간 동안 많이 써보기를 권합니다. 그렇게 쓴 글의 분량이 어느 정도 채워졌다면, 비슷한 내용끼리 묶습니다.

저는 짧은 글이 많이 모이면 일단 A4 용지에 글을 인쇄하고, 내용 하나마다 제목을 만들어 노란색 포스트잇에 적습니다. 벽에 제목이 적힌 포스트잇들을 붙인 후, 찬찬히 관찰하면 하나의 콘셉트 아래 어울리는 이야기들이 눈에 들어옵니다. 한 콘셉트에 어울리는 이야기가 묶이면, 상위 구조가 완성된 것입니다. 상위 구조는 다시 제목을 구상해 파란색 포스트잇으로 표시합니다. 이런 식으로 파란색 포스트잇 묶음을 만들면 자연스럽게 차례가 만들어지겠죠. 파란색 제목들을 보면서 내용의 전체를 대표하는 콘셉트를 뽑아 빨간색 포스트잇에 적습니다. 빨간색 포스트잇 몇 개에 적힌 전체 콘셉트를 보며 그중 하나를 선택하면 책의 구성이 모두 끝납니다.

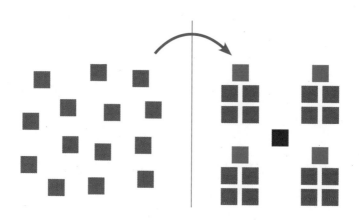

Posting → Grouping → Naming → Connecting

글쓰기 작업을 하다 보면, '큰 덩어리를 작게 만드는 방법'과 '작은 것을 묶어 큰 것을 만드는 방법'을 섞어 사용할 수도 있습니다. 쓰고자 하는 책 내용이 익숙하고 자신 있는 분야라면 톱다운 방식이 좋고, 책을 쓰면서 새롭게 배우는 일이 큰 경우라면 보텀업 방식이 적당합니다. 물론 제가 제시하는 것이 정답은 아닙니다. 여러분의 책 쓰기에 참고하면 좋을 것 같습니다. 하나의 방법만 고집하기보다 자신에게 맞는 방법을 찾아 자유롭고 유연하게 접근하시기 바랍니다.

금요일 5시 칼럼

책 쓰는 작업은 절대적으로 시간이 필요합니다. A4 용지 2장 분량의 에세이나 칼럼이 단거리 달리기라면, 책을 쓰는 일은 마라톤입니다. 책의 내용 중 가장 작은 이야기를 하나씩 모아 한 권 분량을 만들려면 오랜 시간 글을 써야 합니다. 남이 쓴 책 한 권 읽는 데에도 시간이 드는데, 하물며 두꺼운 책 내용을 처음부터 모두 써야 하는 작업은 엄청난 시간이 드는 일입니다. 그래서 책을 쓰기로 마음먹었다가도 며칠 못 가 포기하는 사람들이 많습니다.

책 쓰기는 장거리 경주입니다. 단거리 달리기처럼 달려들면 장거리 마라톤을 완주할 수 없습니다. 긴 호흡과 마음의 여유를 갖고 써야 합니다. 그렇게 하나씩 쓰다 보면 어느새 탈고라는 기쁨을 맛볼 수 있습니다. 글쓰기는 꾸준히 지속하는 것 외에는 정답이 없습니다. 책을 처음 쓰는 분들, 또는 글쓰기가 익숙지 않은 분들의 경우 요즘 보편화된 블로그, 브런치 같은 공간에 꾸준히 글을 올리는 것도 좋습니다. 아예 블로그, 브런치의 제목을 '금요일 5시 이야기'라고 달면 어떨까요? 그렇게 제목을 정하면 강제로라도 매주 한 편의 글을 써야 하니까, 시간이 좀 지나면 원고가 쌓일 것입니다.

저는 매주 한 편의 칼럼을 썼고, 이를 모아 첫 책을 출간한 경험이 있습니다. 그렇게 시작한 글쓰기 작업을 통해 지금은 20권이 넘는 책의 저자가 되었습니다. 처음에는 매주 한 편의 칼럼을 써야 한다는 부담이 많았지만, 자꾸 쓰다 보니 익숙해졌습니다. 강제로라도 글을 써야 하는 상황을 만들어 이를 실행한 결과입니다. 가령, A4 2장 분량의 칼럼을 매주 쓴다면 1년에 52개 글이 만들어집니다. 모두 더하면 100장 정도 되겠죠. 그중 비슷한 글을 묶고, 어울리지 않는 글이나 중복된 글은 출판용 원고에서 과감히 제외합니다. 이렇게 하면 대략 60~70장 분량의 글이 마련됩니다.

출판에 필요한 원고량이 최소 100장이라고 했으니, 필요한 분량은 30~40장입니다. 처음부터 100장을 쓰려면 부담이 크지만 절반 이상의 원고가 마련돼 있다면 이야기가 달라집니다. 일주일에 한 번, 정해진 시간에 맞추어 비슷한 콘셉트의 글을 쓴다는 선 돼지저금통에 저축하는 일과 같습니다. '일주일에 한 편의 글 1년간 쓰기'는 부담스러운 일일 수도 있습니다. 하지만 1달에

네 편의 짧은 글을 쓴다고 생각하면 결코 어려운 일이 아닙니다. 아무튼 반드시 글을 써야 하는 상황을 만드는 것이 핵심입니다. 책의 본문에서 소개한 여러 가지 글쓰기 방법들을 적절히 활용하면 도움이 될 것입니다.

글쓰기 모임의 활용

귀찮거나 힘든 일은 누군가와 함께 할수록 오랫동안 지속할 수 있습니다. 온몸에 근육을 새기는 운동을 생각해보세요. 달리고, 걷고, 때로는 무거운 것을 들어 올려 근육을 키우는 운동도 혼자 하면 금세 질립니다. 그래서 많은 사람들이 헬스클럽에 모여 다른 사람들과 함께 함께 근육 운동을 합니다. 달리기 동호회가 생각보다 많은 이유도 이와 같습니다.

달리고는 싶어도 혼자서는 자신이 없고, 그러니까 함께 달리면서 서로 격려하고 챙겨주는 모임에 참석하는 것입니다. 함께 하면 꾸준히 지속할 수 있는 동기가 생깁니다. 주변을 둘러보면 글을 쓰고, 책을 읽는 모임이 많습니다. 이런 동호회를 찾아 다른 사람들과 정보를 공유하는 것도 괜찮은 방법입니다. 모임에 참석하면, 글쓰기를 꾸준히 지속할 수 있는 동기가 만들어집니다.

03 _ 책에 필요한 3C

　　　　　책을 쓰기로 마음먹었다면 C로 시작
하는 단어 3개(Concept, Contents, Creativity)를 기억하세요. 책에는
3개의 C가 필요합니다. 각각의 의미를 하나씩 살펴봅시다.

콘셉트(Concept)

　콘셉트는 책의 주제입니다. 책에서 어떤 내용을 다루는지를
표현한 것이죠. 한 권의 책에 많은 지식을 담을 수는 없습니다.
일반적으로 250~300페이지 분량의 책 한 권은 하나의 주제만
다룹니다. 책이 강조하려는 주제가 무엇인지 독자에게 명확히
밝혀야 합니다. 그것이 콘셉트입니다. 여러분이 읽는 이 책의 콘
셉트는 쉬운 '글쓰기'입니다.

　출판사 입장에서는 잘 팔리는 책이 효자입니다. 책이 잘 팔리
려면 여러 가지 요소가 조화를 이루고 서로 궁합이 맞아야 합니

다. 흔히 책 판매에 큰 영향을 미치는 것으로 표지와 제목을 꼽습니다. 표지와 제목은 책의 첫인상입니다. 사람도 그렇듯 책도 첫인상이 중요합니다. 첫인상 좋은 사람이 면접시험을 통과할 확률이 높듯이, 첫인상을 사로잡은 책이 베스트셀러가 될 가능성이 높습니다. 물론 출판사의 마케팅 전략도 책 판매에 영향을 주지만, 결국 책의 첫인상에서 좋은 느낌을 제공해야 홍보의 대상이 될 수 있습니다.

이렇듯 표지와 제목이 책 판매에 큰 영향을 미칩니다. 독자에게 어필하는 표지와 제목은 콘셉트라고 볼 수 있습니다. 완성도 높은 표지 디자인, 거기에 새겨진 책 제목은 책의 콘셉트를 의미합니다. 독자들은 표지와 제목에 드러난 콘셉트에 끌려 그 책을 선택합니다. 책 전체 내용을 알려주는 콘셉트가 분명히 잘 드러나면 그 내용을 알고 싶은 독자가 책을 쉽게 고를 수 있습니다. 따라서 저자는 '어떤 내용을 쓸 것인가?'를 고민해야 합니다. 내용이 곧 콘셉트가 됩니다. 콘셉트를 잘 정하고 그 콘셉트가 독자에게 어필을 할 때 팔리는 책이 됩니다.

《설득의 심리학》이란 책이 있습니다. 책의 콘셉트는 심리학 내용 중 상대를 설득하는 데 필요한 부분을 소개하겠다는 것이죠. 콘셉트가 제목에 잘 나타나 있습니다. 상대를 설득하고 싶은 목적을 가진 사람이라면 심리학을 기초로 한 '설득의 기술'이라는 말에 끌릴 수밖에 없습니다. 결국 이 책은 많은 독자가 찾는 베스트셀러가 되었습니다.《지적 대화를 위한 넓고 얇은 지식》이란 책도 유명합니다. 책의 제목에서 알 수 있듯 '누군가와 대화할 때 뭘 좀 아는 척할 수 있는 내용, 깊이는 없어도 다양하게 알려주겠다'는 콘셉트가 독자의 선택을 받았습니다. '넓고 얇은 지식'이라는 말에서 쉽게 많은 것을 배울 수 있다는 것, '지적 대화를 위한'이란 말에서 누군가에게 좀 아는 척할 수 있겠다는 기대감을 주었습니다. 그 두 가지가 이 책의 콘셉트입니다. 베스트셀러의 공통점은 콘셉트가 명확하다는 점입니다. 콘셉트가 분명해야 독자의 선택을 받습니다. 내용은 콘셉트 다음입니다. 아마 여러분도 다음의 이야기를 들어보았을 것입니다.

세상의 모든 지식을 알고 싶은 왕이 현명한 학자들을 불러다가 세상의 모든 지식을 12권의 책으로 만들라고 명했다. 어려운 과정이었지만, 학자들이 세상 지식을 12권의 책으로 만들었다. 12권의 책을 본 왕은 양이 너무 많다고 역정을 내며 1권으로 정리하라고 했다. 학자들은 오랜 노력 끝에 세상의 모든 지식을 1권의 책으로 만들었다. 왕은 기뻐했지만 백성들이 모두 1권의 책을 읽는 것이 어렵게 느껴졌다. 왕은 다시 책의 내용을 단 한 문장으로 만들라고 명령했다. 난감해진 학자들은 또다시 오랜 고민과 연구 끝에 세상의 모든 지식을 한 문장으로 압축했다. 그 문장은 다음과 같다.

"사람은 모두 죽는다."

"세상에 공짜는 없다."

위 이야기의 결론은 조금씩 다릅니다. 어떤 이는 '세상에 공짜는 없다'는 결론을 말하고, 혹자는 '사람은 모두 죽는다'라는 결론을 제시합니다. 아무튼 긴 이야기를 한 문장으로 압축하는 것이 콘셉트입니다. 어쩌면 위의 이야기가 콘셉트를 만드는 하나의 팁이 될 수 있겠습니다. 내가 쓴 긴 글을 한마디로 축약해 정리해보세요. 그것이 콘셉트입니다. 콘셉트가 좋으면 독자가 선택하지만, 콘셉트가 명확하지 않거나 우리들 관심사와 그다지 상관없다면 글을 쓴 수고만큼 빛을 못 볼 수도 있습니다.

내용(Contents)

책 내용은 작가의 자존심입니다. 앞서 강조한 콘셉트를 내용이 뒷받침해야 호응을 얻습니다. 내용이 부실하면 외면 받는 책이 되기 쉽죠. 세상에 유익함을 주고, 도움을 제공하며, 남다른 통찰과 혜안을 주는 내용이어야 읽을 가치가 있는 책이 됩니다. 처음에는 콘셉트에 끌려 책을 읽기 시작했지만 정작 내용이 콘셉트와 상관없거나 뒷받침하지 못하는 책들이 많습니다. 그런 책을 읽는 독자는 실망만 느낍니다. 책의 내용이 콘셉트를 탄탄히 받쳐주면 스테디셀러가 됩니다. 꾸준한 생명력을 갖고 오랜 시간 많은 분에게 소개되어 팔리는 책들이 그렇습니다. 내용이 좋으면 입소문이 나게 마련입니다.

　그렇다면 책의 뼈대가 되는 내용을 어떻게 만들어 채울까요? 저는 본문에서 '글쓰기 80:20 법칙'을 소개했습니다. 짧은 글뿐 아니라, 많은 원고를 써야 하는 책 집필에도 이 법칙이 유효합니다. 그러니까 새로운 내용으로 100% 써야 한다는 부담을 벗고 모두가 아는 내용으로 80%를 채울 수 있습니다. 그런데 이 지점에서 가끔 문제가 발생하죠. 기존의 내용을 참고해 나의 색다른 생각과 시선으로 글로 써야 하는데, 간혹 어떤 책은 이미 다른 책이나 인터넷 정보에서 소개한 내용을 가공 없이 베낀 것들이 있습니다. 도덕적인 문제를 넘어 법적 문제로까지 이어질 수 있겠죠. 남의 글을 내가 쓴 것처럼 베껴서 쓰는 일은 삼가야 합니다. 그리고 이 지점에서 창의와 모방, 그리고 표절에 대한 나름의 기준이 있어야 합니다. 타인의 창작물을 그대로 가져오면 표절입니다. 그러나 다른 사람의 것을 변형해 내 글에 적용하거나 개념적으로는 유사해도 그것을 바탕으로 나의 생각을 덧씌워 모방하는 것은 문제가 되지 않습니다.

　예컨대 '외로우니까 사람이다'라는 시적 표현을 보고 '아프니까 청춘이다'라는 콘셉트를 만들었다면 훌륭한 모방입니다. 표절을 극복한 모방은 오히려 좋은 평가를 받기도 합니다. 창의는 단순한 모방을 넘어 몇 가지를 서로 연결하고 변형시켜 새로움을 만들어내는 작업입니다. 그런데 아무것도 없는 상태에서 완벽한 창조는 불가능한 일입니다. '다른 사람들의 이야기를 큰 냄

비에 넣고 알 수 없는 형태로 오랫동안 끓인 후, 그것을 나의 이야기로 만든다'고 인터뷰한 소설가 하루키처럼 창조에도 재료가 필요합니다. 따라서 우리는 다른 사람들의 이야기, 기존에 알려진 정보를 예의주시할 필요가 있습니다. 기존의 것들을 수집하여 공부하고, 다시 생각해보는 것입니다. 그런 것들이 나의 글을 채워줄 창의적인 재료가 됩니다. 사람들의 관심을 끌고 호응을 이끌어내는 세상 이야기와 정보를 재해석하는 힘이 창조력입니다. 좋은 이야기와 정보가 좋은 책을 결정합니다.

창의성(Creativity)

책은 작가의 창작물입니다. 세상 이야기를 작가 나름의 시각으로 해석한 결과가 책이고, 당연히 여기에는 창의가 담겨야 합니다. 책뿐 아니라 일반적인 글도 창작물입니다. 업무용 보고서에도 나의 생각과 새로운 전략이 들어가야 의미가 있습니다. 소설 같은 문학작품은 말할 것도 없고 에세이, 자기계발, 심지어 자신의 삶을 회고하는 자서전 쓰기도 창작이며 반드시 창의적인 이야기가 포함되어야 합니다. 그래야 글의 존재가 의미 있습니다.

창의적이고 독창성을 갖추어야 매력적인 책이 됩니다. 마케팅의 측면에서 생각하면 비슷비슷한 이야기를 다루는 책은 독자의 선택을 받을 수 없습니다. 독자가 나의 책을 꼭 사야 하는 이유가 글에 포함되어야겠죠. 원인 없이 결과가 일어나지 않듯, 아무 이유 없이 독자가 내 책을 사기 위해 지갑을 열지 않습니다.

독자들이 내 책을 선택하고 비용을 지불해야 하는 꽤 괜찮은 이유를 만들어야 합니다. 예전에는 책이 귀했습니다. 책을 쓰겠다는 사람도 드물었습니다. 특별하고 똑똑한 사람들만 책을 쓰는 것으로 여겼습니다. 그리고 일반 사람들은 대부분의 지식을 책을 통해 얻었습니다. 그러나 지금은 상황이 다릅니다. 하루에도 수많은 책이 쏟아지는 한편, 정보를 제공하는 채널도 다양화되었습니다. 책을 보면서 공부하기보다 유튜브 채널의 이야기에 더 많은 관심을 보입니다. 내 책에 창의적이고 독창적인 요소가 없다면, 굳이 그런 책을 사볼 이유가 없습니다.

창의적이고 독창적인 것은 내용과 형식으로 나누어 생각할 수 있습니다. 내용이 독창적일 수도 있고, 책의 형식이 독특할 수도 있겠죠. 물론 내용과 형식 모두 독창성을 확보하면 좋겠지만 쉽지 않은 일입니다. 4차 산업혁명의 시대인 현재, 인공지능(AI)이 글도 쓰고 책도 씁니다. 그러나 AI가 정리한 글은 한계가 있습니다. 수많은 데이터를 바탕으로 비슷한 결과를 얻을 수는 있어도 인간의 감성을 다루지는 못합니다. 우리는 AI와 달리 새로운 관점에서 독창적이고 창의적인 시각을 제시할 수 있습니다. 내용도 창의적이어야겠지만 책의 형식과 스타일도 창의성을 적용해야 합니다.

04 _ 출판사 만나기

탈고 후의 고민들

드디어 출간의 시간이 다가왔습니다. 오랜 시간 공들여 원고를 쓴 스스로에게 박수를 보낼 시간입니다. 다 헤아릴 수는 없지만, 아마 여러분은 글을 마무리하기까지 오만가지 생각이 들었을 것입니다. 어떤 표현이 더 적당할까? 맞춤법이 맞나? 띄어쓰기가 바로 되었을까? 등의 소소한 고민은 고민 축에도 못 낍니다. 원고를 마무리했더라도 고민은 계속되죠. 내용이 콘셉트를 잘 받쳐줄까? 읽는 사람은 어떻게 생각할까? 누군가 내 주장에 불쾌함을 느끼지는 않을까? 등등. 작가라면 누구나 이런 고민을 갖게 마련입니다. 그러나 당연히 거쳐야 할 과정이라고 생각하면 마음이 편해집니다. 고민 대신 끝까지 원고를 써낸 자신을 응원하고 격려합시다.

고심 끝에 만든 원고가 책으로 만들어지려면 출판사를 만나야 합니다. 유명 작가들이야 출판사가 계약금을 들고 알아서 찾아가겠지만, 처음 책을 내는 사람이라면 출판사 찾는 일도 만만찮은 일입니다. 저마다 스타일이 다르겠지만, 어떤 분은 자기가 쓴 모든 원고를 들고 출판사 담당자와 만나기도 하고, 혹자는 책의 콘셉트와 아이디어만 일부 챙긴 후 출판사를 찾기도 합니다. 요즘에는 주요 서점에 들러 출간하고 싶은 출판사가 펴낸 책의 판권을 참고해 기획편집자의 이름, 전화번호, 출판사 대표메일을 확보한 후 이메일로 출간 의사를 전하기도 합니다. 일명 '투고'라는 것입니다. 출판사에 투고할 때에는 원고 내용 전부를 보내거나, 거꾸로 내용을 꼭꼭 숨긴 채 제목과 콘셉트만 알려주는 건 바람직하지 않습니다.

출간기획서 만들기

저는 원고를 마무리하면 내용의 20~30% 정도를 공개하는 편입니다. 전체 원고는 아닐지라도, 20~30% 분량은 내가 말하고 싶은 내용, 콘셉트, 타깃 독자 등 출판사가 궁금해할 만한 정보를 보여줄 수 있습니다.

출판사에서는 저마다 출간기획서라는 양식을 이용합니다. 여기에는 공통적으로 책의 콘셉트, 저자 약력, 예상 독자, 마케팅 전략 등을 적도록 되어 있습니다. 출판사와 접촉할 때 작가가 먼저 1페이지 출간기획서를 만들어 제시하면 도움이 됩니다. 대부분의 책 쓰기, 글쓰기 강좌에서도 1페이지 출간기획서 양식을 사용할 것을 권하는 것으로 알려져 있습니다. 아무튼 출간하는 목적과 콘셉트, 예상 독자 등을 한눈에 파악할 수 있도록 1페이지로 정리하고, 서문(프롤로그)과 샘플 원고(대부분 책의 첫 부분, 1장을 첨부함)를 첨부하여 메일로 전달하는 것이 일반적인 투고 프로세스입니다.

출판사가 운영하는 홈페이지에 접속하면 출판을 희망하는 작가들로부터 투고를 받는 공간이 있습니다. 몇몇 출판사는 투고란에 출간기획서를 함께 공개합니다. 이를 적절히 활용해도 되겠죠. 오른쪽에 제시한 양식이나 유명 출판사의 출간기획서를 참고해도 됩니다.

출판사 접촉하기

출간기획서를 완성했다면 용기를 내어 출판사에 연락해봅시다. 이미 알아둔 전화번호로 직접 전화해도 되고, 좀 더 과감하게 이메일로 출간 의사 타진을 문의해도 됩니다. 출판사는 늘 출간 아이템에 목말라 있습니다. 좋은 원고를 발굴해 좋은 책을 만드는 것이 그들의 비즈니스입니다. 출판사 입장에서는 여러분의 원고가 구세주가 되어줄 수도 있습니다. 출간 경험이 없다고 주눅이 들거나 자신감이 없으면 안 됩니다. 여러분과 출판사가 서로 원원할 수 있는 대등한 비즈니스 관계입니다. 이쯤에서 생각나는 인물이 있지 않나요? 무명작가의 설움을 딛고 세계적인 베스트셀러 작가 반열에 오른 J. K 롤링 말입니다.

출 간 기 획 서

도서출판 □□□□ 귀중

아래의 기획서와 원고 일부를 귀 출판사에 보내어 출판하고 싶습니다.
검토 후 연락주시기 바랍니다.

가제			
기획자		도서 콘셉트	
저술 방법	단독( ) 공동( ) 번역( )	공동 저자일 경우	외 명
원고 분량	분량( )매 / 사진, 도표 등( )매		
원고 완성 예정일	20 년 월 일	참고 사항	

아래 여백에 '기획의 목적과 기획 과정, 주요 독자, 차례' 등을 자유롭게 적습니다.

신청인 :
직 장 :
이 름 :
연락처 : 자택(   ) / 핸드폰(   )
E-mali :

출간기획서 양식

잘 알려진 것처럼 그녀는 소설 《해리포터》 원고를 완성한 후 여러 출판사에 투고했습니다. 무려 12번의 거절 후 마침내 13번의 도전 끝에 책을 출판할 수 있었습니다. 만약 여러분이 연락한 출판사에서 출간을 거절해도 너무 상심하지 맙시다. 그것은 내 원고의 문제가 아닐 수 있습니다. 상황이 서로 안 맞거나, 출판사의 안목이 부족했거나, 이미 비슷한 콘셉트의 책을 준비 중이거나 등등 여러 가지 상황이 있을 수 있습니다. 이 같은 상황을 넘어 출판사와 출간하기로 결정되었다면, 서로 열린 자세로 소통하며 함께 책을 만들어보세요. 책을 만드는 과정도 흥미롭습니다. 아마 여러분이 전혀 예상하지 못한 여러 가지 상황과 마주하게 될 것입니다.

글쓰기는 나의 삶을
세상에 새겨넣는 작업

글쓰기는 대세다

글을 쓰는 이유와 목적은 사람마다 또 상황에 따라 다릅니다. 글쓰기는 종류도 다양합니다. 에세이나 칼럼을 쓰고 싶은 사람도 있고, 재미난 소설이나 심오한 시처럼 창작 영역 글쓰기에 열정을 쏟는 분도 있습니다. 대한민국 사람이라면 어린 시절부터 줄곧 해온 익숙한 일이 글쓰기입니다. 하루 일과를 그림으로 표현하는 초등학생의 일기부터 업무보고서를 작성해야 하는 직장인에 이르기까지 우리는 오랜 시간 글쓰기를 합니다. 하지만 아직도 '글'이라고 하면 놀라는 반응을 보이는 분들이 많습니다. 온라인 활동이 대세인 요즘에는 누구나 한두 개의 SNS 계정을 갖고 있습니다. 아무 글도 없이 사진 한 장 달랑 공개하는 것보단 짧은 글일지언정 자신의 생각과 감정을 예쁜 글로 지어 공개하고 싶은 분들이 더 많을 겁니다. 흥미롭고 재미난 읽을거리로 채워진 계정은 인기가 많습니다. 글은 우리 생활 곳곳에 스며들어 우리 삶을 지배합니다. 글을 통해 누군가는 무엇인가 알리기 원하고, 다른 누군가는 타인이 공개한 정보를 해석해야 합니다. 이런 상호작용이 계속되는 한, 글쓰기의 중요성은 계속될 것으로 생각합니다. 따라서 글쓰기를 포기하거나 어렵게 생각해서는 안 됩니다. 살면서 불편을 느낄 수밖에 없으니까요. 우리는 글쓰기에 친숙해져야 합니다. 글쓰기가 여전히 대세이기 때문이죠. 인류가 문자 생활을 해온 이래 변함없이 지속되는 현상입니다.

글쓰기는 생활이다

인간의 기본 교육은 '보고, 듣고, 말하고, 쓰기' 네 가지로 이루어집니다. 이를 잘 배우고 익히는 것이 중요합니다. 그런데 우리가 어떤 것을 배워서 아는 것에는 수준 차이가 있습니다. 한 번 들어본 적 있는 것도 아는 것, 그것을 잘 파악하는 것도 아는 것이죠. 글쓰기도 마찬가지입니다. 단순히 글을 쓸 수 있는 수준에서부터 생각과 감정을 잘 표현하는 수준에까지 큰 차이가 있습니다. 글쓰기 수준이 높다는 것은 나의 기본적인 활동 수준이 높다는 말과 같습니다. SNS 유행의 시대, 업무상 수많은 이메일을 주고받고, 기획서나 보고서를 작성해야 하는 현실이 우리 앞에 있습니다. 또한 저마다 취미가 다양해지고 교류하는 채널이 늘면서 타인과 소통하는 일을 글로 표현하는 일도 늘었습니다. 문학적 글쓰기까지는 아닐지언정 글쓰기의 생활화가 필요한 이유입니다. 글쓰기 수준을 높이는 것이 삶의 수준을 높이는 방법입니다.

글쓰기는 업무다

일상 업무에서도 글쓰기가 중요합니다. 직장인들은 각종 전망과 결과를 보고서로 만들어야 하고, 수많은 이메일도 써야 합니다. 잘 쓴 이메일 한 통이 사업 결과를 달리 만들기도 합니다. 새로운 일을 기획하는 사람, 고객을 응대하는 사람, 리더십을 발휘하는 사람 모두 '보고, 듣고, 말하고, 쓰기'라는 기본 활동에 능숙해야 합니다. 그중 특히 글쓰기를 잘해야 합니다. 높은 직책, 중책을 맡은 사람이라면 네 가지 기본 활동 중 글쓰기가 핵심 역할을 합니다. 어느 조직에서든 인정받으려면 글을 잘 써야 합니다. 그 이유는 내가 생각하고 기획하고 어떤 문제를 해결했다면 일련의 과정을 문서로 보고해야 하기 때문입니다. 업무 능력이 뛰어나더라도 글쓰기가 부족하면, 억울하게도 업무를 못하는 사람처럼 보이기도 합니다.

자신의 생각을 표현하고 다른 사람과 소통하는 방법은 말과 글이 대표적입니다. 말도 잘 해야 하고 글도 잘 써야 합니다. 말과 글을 비교하면 말은 사라지고 글이 남습니다. 사라지지 않고 남는다는 관점에서 글이 말보다 중요합니다. 또 개인 브랜드라는 것을 생각해봐도 글쓰기가 중요합니다. 브랜드는 특정 기업이나 유명 연예인들의 전유물이 아닙니다. 보통 사람들도 평판이 적용됩니다. 사람은 누구나 개인 브랜드라는 것을 갖고 있습니다. 그 사람에 대한 인상, 평판을 좋게 만드는 것이 좋은 글입니다.

글쓰기는 성장이다

글쓰기는 생각쓰기입니다. 많은 생각을 다양하게 할수록 생각의 폭이 넓고 깊어집니다. 또 생각을 많이 하는 방법 중 하나가 글로 옮겨보는 일입니다. 우리는 평소 별생각 없이 일상을 살아갑니다만, 생각을 즐기고 깊은 사색에 빠져들고자 시간을 정해놓고 명상을 즐기는 사람도 있습니다. 명상만큼 좋은 것이 글쓰기입니다. 생각을 글로 표현하고 만들어진 글이 생각을 키우는 순환이 반복됩니다. 글쓰기가 생각을 키우고 내면을 성숙시켜줍니다.

명상 이야기가 나온 김에 한마디 더 하자면, 명상가들은 시간을 정하고 명상하는 경우가 많습니다. 아침 5시에 일어나 30분간 명상한 후 하루를 시작하는 것이죠. 자신이 확보할 수 있는 시간을 정하고 명상에 몰입합니다. 글쓰기도 일종의 습관, 루틴을 정하면 좋습니다. 시간을 정해놓고 글을 쓰기도 있지만, 시간을 정해놓고 자신의 글을 어딘가에 올리는 것도 좋습니다. 일주일에 한 번 블로그 같은 곳에 올리는 겁니다. 글은 공개해도 좋고 비공개여도 상관없습니다. 지속적으로 글을 쓰면서 더 많은 생각을 해보는 동력을 만들어놓는 겁니다.

글쓰기는 공부다

내면의 성장뿐만 아니라 외향의 성장에도 글쓰기를 활용할 수 있습니다. 방법은 간단합니다. 내가 알고 싶은 내용 배우고 싶은 것들을 글을 쓰는 겁니다. 어떤 작자는 자신이 새롭게 관심을 갖게 된 분야가 있을 때마다 그 분야에 대한 책을 쓰기도 합니다. 놀랄 만한 이야기죠. 내용은 이렇습니다. 일단 알고 싶은 분야의 공부를 6개월 정도 합니다. 그리고 알게 된 내용을 정리한 후 작가 자신의 관점을 보태어 원고를 하나씩 쓰는 겁니다. 그렇게 1년쯤 지나면 한 권의 책으로 묶을 수 있는 분량이 된다고 하더군요.

글쓰기는 공부에도 긍정적인 영향을 미칩니다. 우리가 새롭게 배운 어떤 것을 처음 들은 후 며칠 지나면 20~30%만 기억합니다. 수동적으로 멍하니 보고 듣는 것이 가장 어리석은 공부법이죠. 그러나 배운 그 내용을 다른 사람과 토론하며 대화하면 50% 정도 기억에 남습니다. 타인과의 토론 활동을 통해 새롭게 배운 정보를 장기 기억으로 보냅니다. 그런데 배운 것을 가장 오래 기억하는 방법은 다른 사람에게 설명하는 겁니다. 말로 설명하는 것도 좋지만 글로 정리해 설명할 경우, 새롭게 배운 내용의 90%가 기억에 남는다고 합니다. 과연 글쓰기는 새로운 것을 배우고 학습하는 좋은 방법임에 틀림이 없습니다.

글쓰기는 인생이다

　내가 쓴 글은 내가 새롭게 창조한 것입니다. 화가는 그림으로 작곡가는 음악으로 새로운 것을 창조합니다. 예술가들처럼 특별한 재능이 없는 사람이 세상에 남길 수 있는 창조물이 글입니다. 어쨌거나 재미있고 흥분되는 일이 글쓰기입니다. 호랑이는 가죽을 남기고, 사람은 이름을 남긴다고 하죠.

　그런데 가만히 생각해보면 이름 남기고 떠난 사람들치고 글을 안 남긴 사람은 드뭅니다. 이름값이 곧 글값인 겁니다. 그러니까, 사람은 죽어 글을 남기는 거라고 생각합니다. 우리는 어떤 글을 남기기 위해 매시간을 그토록 치열하게 살아가는 걸까요? 나의 흔적을 세상에 남기는 일, 그것이 글쓰기입니다.

당신만이 전할 수 있는 이야기를 써라.
당신보다 더 똑똑하고 우수한 작가들은 세상에 널려 있다.

- 닐 가이먼(Neil Gaiman), 소설가 -

———

위대한 글은 기발한 글도 뛰어난 글도
오해의 소지가 많은 아름다운 글도 아닌,
세상에 도움이 되는 글이다.

- 로저 로젠블랫(Roger Rosenblatt), 하버드 대학 교수 겸 저자 대표작:《하버드대 까칠한 교수님의 글쓰기 수업》-

2단계 글쓰기

초판 1쇄 발행 2021년 6월 5일

지은이 | 박종하
펴낸이 | 손선경
펴낸곳 | 모루북스

기획·편집 | 김형석
디자인 | 김윤남

출판등록 | 2020년 3월 17일 제2021-000034호

주　소 | 서울 중구 남대문로9길 24 패스트파이브타워 1026-3호
전　화 | 02) 3494-2945
팩　스 | 02) 6229-2945

ISBN 979-11-970019-2-5　(03190)

• 이 책은 저작권법에 따라 보호를 받는 저작물이므로 무단전제와 복제를 금합니다.
• 이 책 내용의 전부 또는 일부를 사용하려면 반드시 저작권자와 모루북스 양측의 서면 동의를 받아야 합니다.
• 파손된 책은 구입하신 서점에서 교환해 드리며, 책값은 표지 뒤에 있습니다.

출판을 원하시는 분들의 투고와 기획 아이디어를 기다립니다.
moroo_publisher@naver.com